集中講義

高校生の経営学

経営学部の受験を迷っている人に

洞口治夫・小池祐二 編著

文眞堂

本書へのご意見,ご感想をお寄せください

下記のウェブページより,お送りいただけます

https://forms.gle/cvpWLDE5p1RGqydq7

文眞堂編集部

はしがき

　本書は，大学進学を考えはじめた高校生のための「未来のガイドブック」です。大学で学ぶ経営学と高校での学習内容が，どのようにつながっているのか，を解説するとともに，大学4年間で学ぶ経営学という学問領域の入門的な説明をすることが目的です。「未来」といっても，100年先の「未来」ではなく，読者である高校生の意志と選択とによって自ら創り上げることのできる5年から7年程度の「近未来」が対象となっています。経営学という学問領域について，その全体像を詳しく説明するのではなく，直感的にそれが何なのか，その面白さがどこにあるのかを説明する内容となっています。

　こうしたガイドブックを構想した背景には，現在の高校の教科教育に，企業経営についての丁寧な解説を加えたい，という強い思いがあります。高校で学ぶ日本史・世界史・政治経済といった科目には，企業経営や起業家，あるいは，経営学についての解説が少ないのが実情です。企業経営が社会に果たす役割や，経営者が社会に与えた功績について述べた解説を正規科目の教科書のなかに見つけることは，極めて少ないのが現状なのです。

　高校日本史を例にとれば，土地制度史の解説と為政者の系譜を中心とした政治体制の変遷，宗教，文学や音楽といった文化史についての説明はありますが，日本を支えてきた代表的な企業の経営についての説明はほとんどありません。日本には，長期にわたって活動を続けてきた会社が多数あります。たとえば，金剛組という宮大工の集団は西暦578年に創業されたという歴史を誇っています。味噌・醤油・造り酒屋などの業態では創業後数百年の歴史を持つ会社が各地方に存在しています。それにもかかわらず，そうした会社の歴史を高校日本史の教科書から学ぶことは稀なのです。地域の長寿企業についての紹介は，高校日本史を担当する先生方の個人的な工夫と努力に委ねられているのが実情です。

はしがき

　日本史で織田信長・豊臣秀吉・徳川家康といった武将の名前は学んでも，松下幸之助・本田宗一郎・稲盛和夫といった起業家の業績を学ぶことは少ないのです。起業家精神や企業活動についての解説が初等・中等教育で欠落しているという点は，企業経営の役割に関する私たちの認識に，いくつかの誤解をひきおこしているように思います。

　第1は，企業の産み出す「利益」に対する誤解です。「利益とは人間にとっての呼吸のようなものである」，というのは高名な経営学者であるドラッカーの言葉です。人は呼吸をしなければ死んでしまいますが，呼吸をするためだけに生きている人はいません。企業もまた，利益を獲得しなければ倒産してしまいますが，利益を得るためだけに企業活動に携わる人もいないのです。企業活動を通じて社会に貢献する方法があり，それを実践する人々がいます。私たちは，企業活動の貢献によって豊かに暮らすことができているのです。会社を立ち上げて利益を上げることは困難なことであり，誰にでも可能なことではありません。そうした能力の尊さは，政治家や芸術家・スポーツ競技者の尊さと同じか，それ以上のものがあります。

　第2の誤解は，利益を獲得しない職種への評価です。利益追求のための活動ではなく，社会への奉仕のために活動することの重要さを説くことは悪いことではありません。公務員や公共団体，非営利団体など，利益を獲得しないことを前提とした組織は多数あります。しかし，たとえば，公務員の俸給は，どこからくるのでしょうか。それは，企業の獲得した利益に対して，国ないし地方自治体が法人所得税を課税することにより可能となっているのです。つまり，企業が納付した税金から公共的な活動は成り立っているのです。地方公共団体や非営利団体にも，補助金という形で国や地方政府からの財政的な支援が行われています。財政的な支援を可能にするには，法人税が確保されなければなりません。法人税を納付するのは，企業なのです。企業を創業し，利益を獲得しつづけるビジネス・モデルを構築した起業家への適切な尊敬目線が必要なのです。

　第3の誤解は，「経営学とは何か」という問いを立てても，その問いに十分な答えを得ることができないまま，大学進学を決定せざるを得ない高校生

と，そうした高校生の進路を指導する立場にある高校教員や大学教授との間で共有されています。高校生の進路相談を受ける高校教員や大学教授に対しては，「経営学部と経済学部のどちらを志望したら良いでしょうか」という質問を高校生から投げかけられることがあります。そのような時に，その質問に丁寧に答えている書籍を探してみると，極めて少ないのが現状です。「経営学部と経済学部のどちらを志望したら良いか」という質問に丁寧に答えようとすれば，一冊の本が必要となります。つまり，大学進学を希望する高校生から「経営学とは何ですか」と尋ねられたときに，その答えを提示した書籍が本書なのです。

　高校生のみなさんは，大学進学を目前にして，様々な疑問を持っていることでしょう。大学で学ぶ学問として経営学を選択することに，どのような意義があるのでしょうか。それは，高校での学習とどうつながっているのでしょうか。国語，英語，数学，日本史，世界史，地理，政治経済といった科目を学ぶことが，大学で経営学を学ぶときに，どのような役にたつのでしょうか。高校生が，今，高校の授業で学んでいる教科は，どのような意味で大学経営学部の授業とつながり，職業選択とつながり，高校生の未来につながっていくのでしょうか。こうした一連の質問に答えを出すためには，一冊の本が必要となります。本書は，そのような意味で誕生しました。

　大学を選択するには，その大学の特徴を知る大学案内やオープン・キャンパスといった催しに参加することで，その大学の雰囲気を知ることができるでしょう。そのうえで，学部を選択しなければなりません。医学部や工学部のように，大学での学問領域と将来の職業選択とのつながり方が比較的わかりやすい学部もあります。しかし，経営学に関連する学部は多数あります。経営学部と経済学部と商学部と社会学部のなかの，どの学部を受験することが，自分の未来に役立つのでしょうか。そうした学部で教えられる経営学と経済学と商学と社会学とは，どこが違うのでしょうか。こうした質問にも本書は答えています。

　本書は，高校教員と大学教授との共同作業として誕生しました。高校生が，自らの進学先として経営学部を視野に含めて考え始めたとき，高校から

はしがき

大学への学習内容に，どのような連続性があるのか，という疑問を感ずることでしょう。その問いに答えるためには，高校教員と大学教授との共同作業というのは当然の布陣であると言えるでしょう。本書は，「未来のガイドブック」であり，いわば「未来選択のためのヒント」を集めたガイドブックです。高校生の進路指導にあたる先生方にも，ぜひ手にとって頂いて高校生とともに議論して頂きたいと希望しています。

可能ならば，本書の出版を通じて，高校教員や大学教授だけではなく，高校や大学の事務職員のみなさんとも，連携を深めたいと希望しています。高校の図書館にどのような本を購入して，生徒から目立つ位置に置くかは，図書館司書という専門資格を有する職員の方たちが決定します。大学で開催されるオープン・キャンパスで，大学を訪問する高校生に推薦図書を教示できるのも大学事務職員の方たちです。教育は，教壇から行われるだけのものではありません。高校の図書館に置かれた一冊の本が，高校生の未来に大きな影響を与えます。高校生が未来を信じて現在の活動を開始しようとするときに，そのコーチ役を務めるのが，本書のような一冊の本であることも，ありうることだと私たちは考えています。多くの読者からのフィードバックを期待しています。

高校生の諸君が，大学に合格したのちに過ごす4年間は，貴重な時間です。友人をつくり，見聞を広め，学問に触れることができます。学問から得られる教養と専門的知識は，それを学ぶ人にとって一生の宝となります。どのような専門的知識を身につけるのか。その選択は，高校生ひとりひとりにかかっています。何を学ぶか。その選択は自由です。その自由な選択を，賢い選択とするためには，有益な情報を集める必要があるでしょう。

本書は，夏休みや春休み，ゴールデンウィークといった数日の休日期間を想定して構成されています。1週間程度の時間をかけて，本書を読みながら，仲間とともに自分たちの未来についてディスカッションをしてもらいたいと思います。高校生どうしで議論をすることで，一見，難しそうに見える内容も，独力で理解できるように執筆されています。

もちろん，そうした公式的な長期休業期間だけではなく，高校生活のなか

の，ちょっとした空き時間を利用して一人で読めるようにも工夫されています。たとえば，勝ち続けるはずだった運動部のトーナメント戦に二回戦で敗れてしまったとき，たとえば，期末試験のための自習時間中に妙にやる気のでないとき，たとえば，帰宅部に所属して大相撲のテレビ中継を見飽きたときに，本書を開いて，大学の学部選択をして進学したときの自分と，大学を卒業するときの自分を空想してもらいたいと思います。高校を卒業して働いている自分と，大学に進学して学んでいる自分を空想するのも良いでしょう。その空想は，これからの数年間で次々に現実化していくことでしょう。本書を「未来のガイドブック」というのは，そのような意味です。旅に出るときには，ガイドブックを持っていたほうが，旅先で迷うことなく，時間を浪費せずに，有益な体験をすることができます。本書は，旅のガイドブックのように，みなさんの「未来のガイドブック」となるはずです。

　それでは，集中講義の開講です。

2018年10月
著者を代表して　洞口 治夫

目 次

はしがき …………………………………………………………………………… i

1日目
ガイダンス
[Part 1]

1時間目 ホームルーム：晴れた日には未来を考えよう
　　　　　経営学への道案内 ………………………………………… 3
1．経営という言葉 …………………………………………………… 5
2．組織のマネジメント ……………………………………………… 6
3．経営学とは組織を運営するための科学である ………………… 7

2時間目 特別講義①：経営学とは　部活とリーダーシップ …… 9
1．組織の観察 ………………………………………………………… 10
2．インセンティブとモチベーション ……………………………… 14
3．経営学を学ぶ楽しさ ……………………………………………… 18

3時間目 特別講義②：資金・知的財産・戦略のマネジメント
　　　　　………………………………………………………………… 21
1．資金のマネジメント ……………………………………………… 22
2．知的財産権のマネジメント ……………………………………… 24
3．戦略のマネジメント ……………………………………………… 26

1日目コラム　経営学部での学びが有利になる資格試験 …………… 29

目次

2日目
高校の教科からみた経営学
[Part 1]

1時間目　体育：体育とブランド・マネジメント …………… 33
1．スポーツとブランド ………………………………… 34
2．マーケティング戦略としての4つのP ……………… 35
3．代表的なスポーツ選手によるマーケティングの事例 … 38
4．ブランド構築の意味と価値 ………………………… 39

2時間目　政治経済①：社会の課題解決に挑む企業Ⅰ
　　　　　　無添加100円パンで食品ロス削減にチャレンジする企業　41
1．企業と社会的課題の解決 …………………………… 42
2．アクアベーカリー …………………………………… 43
3．100円パンへの挑戦 ………………………………… 43
4．逆転の発想で勝負する ……………………………… 44
5．従業員のモチベーションとチームワーク ………… 46

3時間目　数学①：2乗の計算で現状を理解する ………… 49
1．市場の集中度を測る ………………………………… 50
2．「散らばり」を数値化する ………………………… 54

4時間目　英語①：発音から学ぶビジネス英語 …………… 61
1．きれいな発音を身につけよう ……………………… 62
2．リンキング，つながる音 …………………………… 63
3．アシミレーション，サンキューの理由 …………… 66
4．エリジョン，消える音がある ……………………… 68
5．スティーブ・ジョブズのスピーチ ………………… 69

| 5時間目 | 国語①：古典の世界を覗いてみる ········· 73 |

1. ゆく河の流れ ·· 74
2. 「わらしべ長者」と「信濃守藤原陳忠」 ···················· 76
3. 「蛸売りの八助」（西鶴『世間胸算用』）···················· 78
4. 古典には時代の生活感が溢れている ·························· 79

2日目コラム 「イノベーション」とトランジスタ・ラジオ ········· 81

3日目
高校の教科からみた経営学
[Part 2]

| 1時間目 | 地理①：まちづくりと経営学 ···················· 85 |

1. 地域の現状を分析する方法 ······································ 86
2. まちづくりの事例 ··· 91

| 2時間目 | 世界史：世界最初の株式会社と世界史，そして日本との意外な関係 ················ 97 |

1. 株式会社とは ··· 98
2. 日本に来た最初のオランダ船 ··································· 99
3. 大航海時代とオランダのアジア進出 ························· 100
4. アジア貿易の資金集め ·· 101
5. オランダ「東インド会社」の設立 ··························· 102

| 3時間目 | 政治経済②：社会の課題解決に挑む企業Ⅱ
大企業の下請けから自社ブランド構築に挑んだ
「Wash & Care カンパニー」 ············· 105 |

1. 松山油脂株式会社 ·· 106

目　次

- 2．下請けから自社ブランド立ち上げへ …………………… 106
- 3．自社ブランドの誕生 ……………………………………… 107
- 4．Wash & Care の SPA をめざして ……………………… 109
- 5．無借金経営から働き方改革へ …………………………… 110

4時間目　国語②：国語とはどういう教科か ……………… 113
- 1．現代文という分野（主に評論をめぐって） …………… 114
- 2．国語（現代文）の学習における主観と客観 …………… 117
- 3．「国語」と経営学はどのように繋がっていくのか …… 119

5時間目　英語②：ドラッカーの語るイノベーションの源泉 …… 123
- 1．大学で学ぶ英語 …………………………………………… 124
- 2．ドラッカーの英文 ………………………………………… 125

3日目コラム　「ヴェニスの商人」は，実は残念なマネージャーだった？ …… 137

4日目
高校の教科からみた経営学
[Part 3]

1時間目　日本史：日本文化を創り上げた起業家たち ……… 141
- 1．東宝と松竹 ………………………………………………… 142
- 2．小林一三と大谷竹次郎 …………………………………… 143
- 3．江戸の起業家たち ………………………………………… 148

2時間目　政治経済③：社会の課題解決に挑む企業Ⅲ
　　　　　モノづくりで社会の課題解決を目指す若者を支援する
　　　　　町工場 ……………………………………………… 153
- 1．株式会社浜野製作所 ……………………………………… 154

2．先代の遺訓と火災からの教訓 …………………………………… 154
3．ベンチャー支援事業へ──OriHime の開発支援 ……………… 156
4．ガレージスミダの開設 ………………………………………… 158
5．浜野さんの思い ………………………………………………… 162

3時間目　地理②：地理と産業クラスター ……………………………… 163

1．アメリカの産業集積 …………………………………………… 164
2．日本の産業集積 ………………………………………………… 166
3．同業種が集まるクラスター …………………………………… 168
4．クラスターが起こすイノベーション ………………………… 171

4時間目　数学②：将来を予測する ………………………………………… 175

1．回帰直線 ………………………………………………………… 176
2．最小二乗法 ……………………………………………………… 177

5時間目　国語③：国語の入試問題（現代文），そしてその先へ ………………………………………………………………… 183

1．経営分野の学部の入試問題といえども ……………………… 184
2．大学はどのような学生を求めているか ……………………… 186
3．あらためて，国語と経営学 …………………………………… 187
4．国語的に裾野を広げる──経営学への助走 ………………… 188

4日目コラム　世界最高峰の音楽文化を支える日本の製造業 …………… 191

目次

5日目
ガイダンス
[Part 2]

1時間目　特別講義③：大学の学部の違いを知ろう ……… 195
1. 芸術と科学の場としての大学 ……… 196
2. 科学の種類 ……… 198
3. 社会科学の守備範囲 ……… 201

2時間目　特別講義④：経済学・商学・社会学と経営学の関係 ……… 203
1. 経済学と天下国家 ……… 205
2. 商学と貿易 ……… 208
3. 経営学のなりたち ……… 212
4. 社会学の視野 ……… 214
5. 経営学の関連領域 ……… 216
6. 戦略・組織・管理 ……… 217
7. 学部と学科 ……… 219

3時間目　ホームルーム：技術進歩と長寿化社会
　　　　　　　　未来予測と学びのあり方 ……… 221
1. ムーアの法則とコンピュータの技術進歩 ……… 222
2. 長寿化社会の到来 ……… 223
3. 社会の変化とキャリア ……… 224
4. この先の「学び」……… 225

あとがき ……… 227

1日目

ガイダンス
[Part 1]

1時間目

ホームルーム
晴れた日には未来を考えよう
経営学への道案内

　皆さんは10年後にどんな仕事をしているでしょうか。10年後の自分を想像することは未来予測ではありません。誰かが自分の未来を決めているのではないのです。台風の進路を予測するように，自分の進路を予測しても，あまり意味はありません。どのような進路を進むべきかを自分で考え，自分の意志でその道に進むべきなのです。10年後を考えるためには5年後の自分を考えるのが有効でしょう。つまり，大学でどのような専門分野を学んでいるかを考えるのは，高校生にとって大切な人生設計のステップです。たとえば医学部に進学すれば医師となり，病気に罹っている人を治療します。経営学部に進学すると何になるのでしょうか。経営学とは，人と人との関わりである組織を動かすことを学ぶ学問です。経営学を学ぶことで，優れた企業経営や組織運営の事例を理解し，組織の抱える病に対処することができます。

Keyword:
経営，マネジメント，マネージャー，企業，付加価値，組織，群集

1時間目　ホームルーム：晴れた日には未来を考えよう

　皆さんは，いまから3年後に，何をしているでしょうか。これからの進路を考えるにあたって，大学進学を視野に入れていることでしょう。どのような学部を選択するかは，どのような大学を選ぶのかと同様に大切な問題です。今から3年後には，もう高校生でいることはできません。数多くの大学のなかの，数多くの学部のなかから，経営学部に関心をもった高校生のみなさんが本書の想定する読者です。
　「経営学って何？」
　「経営学部って，どんな勉強をするところ？」
といった興味や疑問を持って，この本を手にしてくれていれば，嬉しく思います。医学部に入れば医師になり，薬学部に入れば薬剤師になる，という進路選択に比較すると，
　「経営学部に入って何になるんだろう？」
という疑問を感じる高校生が多いかもしれません。その答えは簡単です。
　大学の経営学部を卒業して，もっとも多くの大学生が選択するのは企業に勤めることです。もちろん，公務員になったり，中学・高校の先生になったり，小説家になったりする人もいます。しかし，数で比較すれば，企業に勤める人が多いのです。企業に勤めるのであれば，法学部でも，経済学部でも，文学部でも，仕事先は見つかるだろうと考えるのも，まったくその通りです。違うのは学びの内容です。法律の専門家，経済の専門家，文学の専門家と同様に，経営の専門家もいるのです。たとえば，刑法を学んで刑事事件の判例を学ぶのか，経済を学んで政府の財政赤字について研究するのか，シェイクスピアを読んで英語の舞台劇を理解するのか，それとも，経営を学んで大きく成長した企業が何をしてきたかを学ぶのか，といった違いです。
　「企業を経営してお金儲けをする方法を学ぶのが経営学なのかな？」
と疑問を感ずる人もいるかもしれません。
　「利益追求のために働くのはつまらないから，公務員になりたい。公務員になるには，法律を知っていたほうが良いから，法学部を選択したほうが良いらしい」。

そうした話を聞いた人もいるかもしれません。しかし，公務員の給与は私たちの税金から賄(まかな)われており，その税金は企業活動が生み出した価値から生まれているのです。企業が生み出した価値は，その企業の利益となって戻ってくるのです。たとえば，私たちがコンビニでおにぎりを買うとき，その米は誰かが水田で作ったものであり，誰かがその米を炊いておにぎりにして，包装して，トラックに載せて工場からコンビニまで配送しなければ売り物にはなりません。

米作り，ごはんを炊く作業，おにぎりをつくる作業，包装し，運搬し，販売する作業，そのそれぞれの作業で価値（これを付加価値といいます）が生まれ，その価値に対して私たちはお金を支払い，その一定の割合が利益として，その作業をした人たちに分配されます。その利益のなかの一部は税金として政府が集め，私たちみんなが必要とするサービスのために使われます。

利益を上げることは難しいことなのです。私たちが自宅でおにぎりを作ったとしましょう。その時にも，おにぎりを作るための費用が，コンビニで買うおにぎりよりも高くつくことのほうが多いでしょう。だからこそ，コンビニエンス・ストアは，おにぎりを作って販売する，というビジネスを成立させています。

あなたの友人が家でおにぎりを作り，高校で販売をはじめたとしましょう。あなたは，そのおにぎりを買うでしょうか。あなたが，友人の作ったおにぎりを買わないとしたら，その理由は何でしょうか。逆に，友人の作ったおにぎりを買うとしたら，どのような条件が満たされている必要があるでしょうか。値段は，商品の魅力は，安心安全の度合いは，など，さまざまな条件を考えることができるでしょう。経営学は，みなさんの身近なところから始まります。

1．経営という言葉

経営ということばは，中国の「詩経」という古典に登場する「経之営之」（コレヲ経シ，コレヲ営ス）からきたもので，経とは物事を治め管理すると

1時間目　ホームルーム：晴れた日には未来を考えよう

いう意味です。営は，その訓読みから明らかなように，事業をいとなむことを意味します。

　「経営」を意味する英語は「マネジメント（management）」です。そして，マネジメントとは「人と人とが協力して行う行動を，より良いものにするための工夫」を意味します。経営とマネジメントを比べると，マネジメントの方が皆さんに馴染みの深い言葉でしょう。どこの高校の部活にも，「マネージャー（manager）」と呼ばれる生徒がいるからです。

　ただ，ここでひとつ高校生ならではの誤解を解いておいてください。マネージャーということばへの誤解です。高校の部活でマネージャーというと，部長や副部長とともに，監督やコーチ，部員の間の調整役や，さまざまな事務手続き，お金の管理などを行う役職というイメージではないでしょうか。あるいは，野球部の女子マネージャーというと，グランドで汗を流している男子選手を側面からサポートする，縁の下の力持ちとして頑張っている姿を思い浮かべることも多いでしょう。しかし，マネージャーという言葉は，本来「マネジメントをする人」，つまり「経営をする人」とか「管理をする人」という意味なのです。皆さんが持っている高校の部活の「マネージャー」とは，ずいぶんと違うイメージがあるのではないでしょうか。

　本書ではマネジメントという言葉を通じて「経営学」とは，どのようなことを探求している学問なのかを紹介していきたいと思います。しかし，ひとくちにマネジメントといっても範囲は広く，分野は多岐に渡っているので，ここで，すべてを紹介することはできません。そこで，皆さんの日常生活や部活，教科の学習を通じて興味が持てるであろう，いくつかの事例を挙げてマネジメントを考えていくことにします。

2．組織のマネジメント

　人と人とが協力して共通の目的に向かうときに，そこにできあがる人々の集まりを「組織」と呼びます。組織と対照的なのが「群集」です。群集は組織が持つような共通の目標を持っていません。JRの駅で電車を待つ人や，

大通りの交差点を行きかう人たちは組織ではありませんから，それぞれの人たちが，それぞれの目的地を目指して進んでいきます。組織が成立しているときには，その組織を構成するメンバーは，共通の目的を持っているのです。経営学が取り組むのは，そうした組織が普遍的(ふへんてき)に抱える課題なのです。

　高校の部活を考えてみましょう。仲間と一緒にスポーツを楽しみたいとか，野球で強くなって甲子園に出場したいとか，楽器が上手になりたいとか，それぞれの部活が目指すものは様々ですが，どの部活も参加するメンバーには何らかの共通する目的があります。

　吹奏楽部の活動を見てみると，そこでは，クラリネットやサックスといった木管楽器，トランペットやトロンボーンといった金管楽器，スネアドラムやシンバルといった打楽器など，たくさんの種類の楽器が使われ，演奏者と楽器の音色が指揮者の指示のもとで一体となって，全体のサウンドや音楽が作られていきます。そして，その練習は，いつも全体で一緒にやっているわけではなく，各楽器のパートごとに分かれて練習を重ね，全体合奏を織り交ぜながら演奏の仕上げを行っていきます。ひとつの曲を仕上げるという共通の目的のもとに，個別のパートの集まりとして，つまり組織として吹奏楽部が成り立っているわけです。学校によっては，さらに楽譜管理や楽器管理，渉外など，多くの係を作って，部全体の運営を行っているのではないでしょうか。このような活動は，運動部でも同じだと思います。

　人間の様々な活動は組織を基盤にしているのです。その組織をどう運営するか，は人間にとっての重要な課題なのです。強いプロ野球チームや強いサッカー・チームには，組織をマネジメントするジェネラル・マネージャーがいます。日本語では，球団代表であったり，GMと呼ばれたりもします。

3．経営学とは組織を運営するための科学である

　ここで，あらためて経営学とはどのような学問か整理してみましょう。人と人とが協力して共通の目的に向かうための組織をつくるとき，その組織の運営を効率よく行って，組織の目的を達成させる活動がマネジメントです。

1時間目　ホームルーム：晴れた日には未来を考えよう

組織は高校にもありますし，会社や役所，病院や軍隊にもあります。

　組織に参加することで，自分のやりたいことが達成できるのです。企業は組織の一種です。企業活動の結果として損失を出すことなく，利益を上げることができたならば，その利益をもとに，さらに面白い仕事をはじめることができるのです。自分で仕事をはじめなくとも，その利益から得られたお金を，若い世代に投資することによって，自分では成しえない活動に参加することもできます。

　会社を興（おこ）し，収益を上げ，納税をして，より住みやすく，暮らしやすい社会をつくる。あるいはNPO（非営利団体）を立ち上げて社会に貢献する。住みやすさ，暮らしやすさには，音楽やスポーツの楽しさも含まれます。そうした活動のためにはマネジメントが必要です。そしてマネジメントを職業として行う人が経営者です。そうした色々な事柄が上手にマネジメントされて始めて，私たちは世界中の音楽を聴いたり，スポーツを観戦したり，より良い暮らしや社会のあり方を考えたりすることができるのです。

　より良いマネジメントとは何か。その課題を探求し解決するために経営学という学問があり，経営学部という大学の学部が設置されているのです。

2時間目

特別講義①
経営学とは
部活とリーダーシップ

　私たちはいくつもの組織に所属しています。高校のクラス，部活の仲間，小学生からの幼友達，趣味のサークルなどがあります。そうした組織のメンバーのなかには，誰からも何も言われなくとも努力を続けている人がいます。そうした人のことを「モチベーションの高い人」といいます。「やる気のある人」と言ってもよいでしょう。モチベーションの高い人が多数いる部活は，優れた成果を示すものでしょう。では，参加しているメンバーのモチベーションを高めるには，どうすれば良いでしょうか。答えは，その人の承認欲求を満たしてあげることにあります。この答えに至る道筋を本文から読み取って下さい。

Keyword:
組織，観察，参与観察，密着取材，キャプテン，リーダー，マネージャー，花形プレーヤー，幽霊部員，怠業，リーダーシップ，インセンティブ，モチベーション，マズローの欲求段階説，生存欲求，安全欲求，所属と愛の欲求，承認欲求，自己実現欲求，経営組織論，人的資源管理，経営戦略論

2時間目　特別講義①：経営学とは

1．組織の観察

　みなさんは，部活をやっていますか。どんな部活に属していますか。野球部，サッカー部，テニス部，陸上部といった運動系でしょうか。それとも，音楽部，将棋部，演劇部，鉄道研究会といった文化系でしょうか。もちろん，どの部活にも属さない帰宅部かもしれませんし，家計を助けるためにアルバイトをしているかもしれません。実は，あなたがどのような部活を行っているかが重要なのではありません。この本を読んでいるあなたには，高校のみんなが行っている部活を観察してもらいたいのです。

　観察という作業は，小学生のときに学んだことでしょう。夏休みの宿題の定番といえば，アサガオの成長記録でしょう。アリが巣をつくる様子や，月や星の動きを知る天体観測，うさぎや昆虫を飼って観察記録をつけたことがある人もいるでしょう。経営学では，この観察の対象となるのが人なのです。より具体的には，人と人とがつくりあげる組織にあるのです。ひとりの人を観察の対象とするのではなく，人と人との関わり方を観察の対象とします。ですから，その関係は，直接に目に見えるものではないのです。

　ヒトを個人として観察の対象とする学問は，いろいろあります。病気を抱えている人を観察するのは医学であり，医学を学ぶには大学の医学部に進学します。ひとりの人の心のなかの状態を観察するのは心理学という学問です。ただし，心理学には社会心理学や組織心理学といって，ひとりの人間の心理だけではなく，多数の人間が相互に影響を与え合う状況も研究の対象としています。心理学を学ぶには文学部心理学科といった大学の学部・学科で学びます。

　経営学は組織を観察の対象としますから，その意味で社会学や心理学の一分野である社会心理学や組織心理学といった学問分野と重なり合う部分も多いのです。高校の部活にはお金のやりとりはありませんから，経営学が研究の対象としている工場や企業よりは，社会学や心理学に近いことになります。実際に，教育社会学や教育心理学といって，高校の教育現場を研究対象

とした学問もあります。それは，教育学という学問分野で，その研究方法には社会学や心理学の成果が応用されます。この章では，まず，経営学にとってのひとつの参考事例として高校の部活を観察してみましょう。

　経営学で行われる観察には2つの方法があります。ひとつはインタビュー調査や現場観察と呼ばれるもので，観察する人が組織の外側にいて，観察の対象となっている人に話を聞いたり，実際に現場を訪れて映像や文字による記録をとる方法です。2つめの方法は，参与観察といって，観察をする人自身が組織のなかに入りこんで，その組織の人たちと同じ作業をしながら作業の特徴を知り，組織のなかでの管理方法を知る，という方法です。テレビ番組の制作では，こうした取材方法のことを密着取材と呼んでいます。この章を読んでいるみなさんが，部活に参加しているとすれば，それは参与観察の方法に近いことになります。部活に参加していなくて，友人に部活の様子を尋ねてノートにとることは，インタビュー調査をしていることになります。

　部活を冷静に観察してみると，いろいろと共通する現象があることに気づくことでしょう。

　第一は，キャプテンやリーダー，マネージャーを決める，という作業が必要になることです。キャプテンやリーダーには，さまざまな仕事があります。たとえば，野球部のキャプテンには，高校に運動場の利用を申請したり，チームの地区大会のためにトーナメント戦のくじ引きに出かけたりする仕事があるでしょう。野球部や音楽部には，マネージャーと呼ばれる役割を果たす人もいるでしょう。音楽室には高校の備品として楽器が備え付けられていて，代表者がその楽器利用届を出すと部員が楽器を自宅に持ち帰って練習できるというきまりがあるかもしれません。音楽部のリーダーやマネージャーは音楽部員からその申請書を集めて，顧問の先生に手渡す，という作業をしてくれているかもしれません。そのほかにも，バスケ部と演劇部が一つの体育館を使うためには，それぞれの代表者が申請する制度になっている場合もあるでしょう。部活では，誰かが，キャプテンやリーダー，マネージャーや代表者という役割を担い，それに伴う仕事を行うことになります。その仕事は，組織を代表するものとなっています。

2時間目　特別講義①：経営学とは

　第二は，チームのなかに花形プレーヤーが生まれることです。公式大会で一番得点をした選手，演劇の主役，音楽演奏のソロ・パートを長く受け持つ人など，誰からも注目される人が部活には存在します。その花形プレーヤーとリーダーやキャプテンとが一致する場合もありますが，一致していない場合も多いでしょう。一致していないとすると，キャプテンと花形プレーヤーは，異なる人物によって，異なる役割を果たしていることになります。その異なる役割とは何でしょうか。

　部活の共通点の第三は，幽霊部員が生まれることです。幽霊部員というのは，かたちだけは部活のメンバーとして登録しているけれども，実際の活動はしていない部員のことを言います。たとえば，名目的には鉄道研究会のメンバーになっているものの，1年生のときに2回部活に参加しただけで，2年生のときからは1回も参加していない，といったひとがいるかもしれません。こうした幽霊部員は，どの部活にもいるものです。柔道部の先輩のシゴキから逃げるために，退部届を提出したにもかかわらず，やめさせてもらえない，という幽霊部員になりきれない部員もいるかもしれません。練習試合のあるときは出てくるが，グラウンドの整備や備品の片付けといった仕事のある朝の練習はよく休む部員もいるかもしれません。こうした部員は，幽霊部員ほどに部活に出てこないわけではありませんが，面倒な仕事はサボることが予想されます。準備や後片付けという仕事をサボることを怠業といいますが，これは経営学の重要なテーマとなっています。

　キャプテンと花形プレーヤーと幽霊部員。このなかでリーダーシップがある人は誰でしょうか。幽霊部員には組織のリーダーシップを期待することは難しいでしょうから，キャプテンか，花形プレーヤーのどちらか，あるいは，その双方にリーダーシップがあるかもしれませんし，どちらにも，リーダーシップはないかもしれません。

　リーダーと呼ばれることと，リーダーシップがあることとは，同じではありません。リーダーシップとは，チームや部員のみんなをひっぱり，誰もが見通すことの難しい未来の課題について対応していける人の活動や能力を指します。リーダーは，特定の人が果たす役割ですから，その人の存在を見る

ことができます。リーダーシップは，人と人との関係のなかに生まれる精神的な活動であり，能力ですから見ることはできません。人と人との関係は，目に見えないのです。マネージャーという役割を果たす人が，誰よりもリーダーシップを発揮していることもあるかもしれません。もちろん，リーダーやキャプテンが立派なリーダーとしての役割を果たしている場合もあるでしょう。未来の課題が，来年の地区大会優勝，全国大会出場であるとすれば，そうした課題に答えるための練習メニューづくりや，練習参加者の気持ちを高めることなどが，リーダーの仕事になるでしょう。しかし，そうではなく，キャプテンが限りなく「パシリ」に近い状態で，部員のみんなの雑用係となっている場合もあるかもしれません。あなたの知っている部活のキャプテンには，リーダーシップはありますか。

　花形プレーヤーにリーダーシップが備わっている場合もあるでしょう。作戦や練習方法に明るく，彼や彼女の目指す方向に一致して活動することでチームの実力が上がったと実感できる友人がいるかもしれません。しかし，その逆もあります。花形プレーヤーにリーダーシップが備わっていない場合もあるでしょう。サッカーの試合で常に得点をたたき出す花形プレーヤーが，自分のことばかり考えていて，チームのリーダーとなることを嫌がっているケースもあるかもしれません。誰からも尊敬されるリーダーシップを発揮することを面倒くさいと感じ，たんに得点をとることだけを考えている花形プレーヤーも存在することでしょう。

　リーダーシップとは，何でしょうか。何を，どのようにしている人が，リーダーシップを発揮しているひと，と言えるのでしょうか。この問題を考えることは，経営学を学ぶ第一歩だと言ってよいでしょう。大学では，こうした問題を考える科目のことを「経営組織論」，「組織行動論」，「リーダーシップ論」，あるいは，たんに「組織論」などと呼んでいます。経営学とは，リーダーシップのあり方を学ぶ学問なのです。

2．インセンティブとモチベーション

　リーダーシップのあり方を考えるための道具として2つの言葉を紹介しましょう。それが「インセンティブ（incentive）」と「モチベーション（motivation）」です。あなたがサッカー部に所属しており，レギュラー・メンバーとして試合で活躍していると仮定しましょう。そのとき，父親から，
　「次の県大会に優勝したら焼肉に連れてってやる。」
　そう言われたとしたら，嬉しく感じるでしょうか。心のなかの半分では父親の愛情を嬉しく感じるでしょうが，残る半分では，
　「なんか，わかっていないなぁー。」
と残念に感ずる部分があることでしょう。なぜでしょうか。
　「自分は焼肉のためにサッカーの練習をしているんじゃない。」
　「試合に優勝したら，焼肉無しでも十分嬉しい。」
　「試合に負けて優勝しなかったら，焼肉無しなのは，なぜ？」
　「馬の鼻先にニンジンをぶら下げると早く走るというけれど，それと同じ扱いだなー。」
　こんな気持ちが，一気にいろいろと溢れてくるかもしれません。馬の鼻先にぶらさげられたニンジンと同じ意味を持つ単語があります。それが，「インセンティブ（incentive）」という単語です。日本語では，「誘因（ゆういん）」と訳されます。
　「優勝したら焼肉」をおごってくれる父親は，良い人ではあります。しかし，なにかがズレている。わかっていない。あなたは，雨の日にも朝5時に起きてサッカーのためにランニングをしてきたのですから，そうした努力を重ねてきた「あなた」からすれば，焼肉があろうがなかろうが，県大会では優勝を狙い，全国大会に出場したいと思っていることでしょう。焼肉というインセンティブは，あなたにとって，さほど大きな誘因にはなっていないのかもしれません。

2．インセンティブとモチベーション

　もしも，父親の言葉が，
「次の数学の期末試験で80点取ったら焼肉に連れてってやる。」
だったとしたらどうでしょうか。
「よっしゃ，焼肉ゲットー。」
と考える人は，すでに数学が得意でしょう。
「そんなの無理に決まってるだろ。クラスの平均35点だっつうの。」
と考える人もいるでしょう。
　父親の本来の意図が，「焼肉を食べるために，数学を頑張って学習しよう」と思わせることにあるのだとすれば，上のふたつの反応は，どちらも意図からズレています。適切なインセンティブを与えて，個人を「その気にさせる」ことは，なかなか難しいという例です。
　経営学という学問を打ち立てたバーナードという学者が，このインセンティブの問題を『経営者の役割』という本で議論したのです。組織に関わる人を「その気にさせる」には，どうすればよいのでしょうか。もうひとつ別の例を考えてみましょう。
　ある日のこと，あなたがサッカーの朝練のために高校のグラウンドに来てみると，レギュラー・メンバーとなっている11人のうち，8人しか来ていません。3人は連絡もなく，理由もわからないまま，朝の練習を休んでいます。そのとき，レギュラーではない50人のメンバーのうち，半分くらいが自主練習に参加しています。午後の練習のときには11人のレギュラー全員がそろうのですが，そのミーティングであなたが「全員，朝練に参加しようぜ」と言えば，参加しなかったメンバーも静かに聞いています。しかし，翌日も，同じようにレギュラーのうちの数人が朝練に出てこないという状態にあります。
　こうした状態のことを「モチベーション（motivation）」の低い状態といいます。プロサッカーリーグであるJリーグの選手たちがインタビューを受けるたびに，
「次の試合にはモチベーションを上げて，最後まで頑張りたい。」
といった受け答えをすることは多いので，サッカーをするひとには「モチ

2時間目　特別講義①：経営学とは

ベーション」というのは良く使われる言葉となっているようです。モチベーションは，馬の鼻先にぶら下げられたニンジンではありません。モチベーションは，自分の心の底からわきあがってくる「やる気」を意味しています。

　経営学では，インセンティブとモチベーションの違いを明確に理解して，組織の研究をします。インセンティブとモチベーションとは組織を考えるうえでの基本的な原理となる考え方なのです。インセンティブを与え続けると，あたかも贅沢に慣れきった生活のようになって，その状態が当然のものとなっていきます。インセンティブが与えられて，少しの間モチベーションが高まったとしても，いずれは消えていく，と言われています。インセンティブによってモチベーションを上げようとすれば，より大きなインセンティブを与え続けないと，モチベーションを維持することにつながらない，と言ってもよいでしょう。

　「県大会で優勝したら焼肉に行こう。」
というインセンティブは，2年連続優勝したときには，どうなるでしょうか。もっと豪華な焼肉か，ハワイで食べる焼肉でないと，
　「去年と同じかぁ。」
　「2年連続っていうのは，1年だけの優勝よりも何倍も難しいのに。」
と思うことになるでしょう。

　モチベーションを高めるには，どうすればよいでしょうか。モチベーションがどこからやってくるかについては，いろいろな理論があるのですが，マズローの欲求段階説は，その基本的な理論として有名です。また，有名な理論であればあるほど，多くの批判にさらされてきた理論である，ということもできます。

　マズロー（Abraham Harold Maslow, 1908～1970）という心理学者によれば，人間は低い次元の欲求が満たされて，次の高い次元の欲求に移っていくのだ，といいます。第一は，なんとか生き延びるだけの食べ物を手にいれる「生存欲求」，第二は安全に暮らしていく「安全欲求」，第三は家族や恋人とともに暮らす「所属と愛の欲求」，第四は誰かに自分を認めても

らいたいという「承認欲求」，第五は自分が自分のやりたいことをするという「自己実現欲求」の五段階です。

　この五段階の欲求のうち，下位のものが満たされてから，上位の欲求が満たされるというのが，マズローの欲求段階説です。五段階の欲求のうち，第一段階である「生存欲求」と第二段階である「安全欲求」は，お金を出して食べ物を買ったり，住居環境を良くすることで満たされます。しかし，第三段階・第四段階・第五段階では，お金では手に入れることができないものが，重要な欲求になってきます。

　モチベーションと呼べるのは，最後の第五段階にある自己実現欲求が強く表れているときであり，また，承認欲求を満たすために努力をしているときでしょう。その2つを外から区別するのは，実は，難しいことなのです。たとえば，サッカーの県大会で優勝したいのは，なぜでしょうか。自分のやりたいサッカーをする，ということであれば，草野球ならぬ草サッカーで友人とサッカーという遊びをしていれば満足するはずです。そうではなく，県大会に意義を見出すのは，そこに強豪校が参加して自分の強さがわかる，ということ，つまり，自分の強さを相手に認めさせる，という心の動きが入っているのです。これは，承認欲求と言えるでしょう。

　承認欲求が満たされると強いモチベーションにつながる。

　このことは覚えておいて良いでしょう。承認欲求が満たされる瞬間というのは，実は，褒められたときなのです。褒められる内容が，お金では手に入らないものであれば，そのほうが自己実現欲求を同時に満たすことにつながるでしょう。あなたの服装をみた人が，

　「ステキなジーンズだね。」

と褒めたときと，あなたのサッカーを見た人が，

　「すごい個人技だね。」

と褒めたときとは，どちらが嬉しいでしょうか。

3．経営学を学ぶ楽しさ

　世の中には，いろいろと誤解がありますが，経営学を「金儲けの学問」だと考えるのは，大きな誤解です。マズローの欲求段階説は，経営学では必ず学ぶ理論ですが，その五段階のうちの三段階は，お金では手に入れることのできないことを対象としています。お金は，人々の生活を豊かにするための手段であって，企業経営の目的ではありません。ドラッカーという有名な経営学者が言っていることですが，企業経営の究極の目的は，事業を存続することであって，そのためには最低限の利益があれば良いことになります。最低限の利益とは，将来に向けての投資を行う資金，外部から資金の借り入れをするときの保証となる資金，そうしたものを確保していける水準を指します。

　そのようにして事業を存続させ，成長させていくことは，人々にインセンティブを与える条件となるものだと言ってよいでしょう。企業が成長しているのにも拘わらず，従業員の待遇が良くならないとすれば，そこで働く従業員はやる気を失って，その会社を去るかもしれません。この「やる気」とは，モチベーションの日本語訳であり，インセンティブと密接に関わりあっています。経営学が中心的な課題とするのは，モチベーションの高い組織をつくりあげるには，どうすればよいのか，という問題ですから，そのための一つの手段としてインセンティブの与え方があるのです。つまり，企業が成長したときに従業員に対してどのような処遇をするのか，ということが大きな課題となります。処遇とは，賃金や福利厚生など，経営者が従業員をどう扱うかという問題であり，それをマネジメントといいます。経営学を「金儲けの学問」だと捉えてしまうと，そうしたマネジメントの問題がすっぽりと抜け落ちてしまうことになります。経営をお金という側面だけから捉えるのは間違っています。

　マネージャーとは管理者のことですが，企業でいえば管理職と呼ばれる人たちが，みなそれぞれの役割を担って管理を行っています。課長・部長・取

締役・社長といった役職は，管理職と呼ばれ，企業という組織のなかのインセンティブを設計する役割を担っています。採用・昇進・昇給などは，みなインセンティブの設計に関連しているとみなすことができます。昇進というのは，会社のなかのある地位からヨリ高い地位に上ることを意味しています。平社員から主任，主任から係長，係長から課長といった地位の上昇は，管理職となるための選考のプロセスでもあります。より高い地位は，より高い給与水準をもたらすように設計してあるのがふつうで，それもインセンティブのひとつです。

　自分とかかわる人のやる気を高めることのできる人をリーダーと呼びます。この人は，管理職や，マネージャーかもしれませんが，そうではない場合もあります。つまり，仲間からリーダーとみなされる人は，仲間のやる気を高めているのであって，インセンティブを設計する人ではありません。

　部活の練習をしているときに，
「コイツとやっていると面白いな。」
「あの先輩からは，教わることが多い。」
　そう思わせてくれる人はリーダーとしての役割，つまりモチベーションを高めるという役割を果たしています。

　チームを強くするには，組織を鍛える必要があります。部員の数が100名を超える大きなチームもあれば，レギュラーの数ぎりぎりの部員数を抱える小さなチームもあります。しかし，小さなチームが弱いとは限らないところがスポーツの面白いところであり，組織の強さが発揮されるところでもあります。監督のご自宅に寄宿して，スポーツの技術だけでなく，精神的な強さを鍛えたメンバーは，土壇場での強さを発揮します。経営学にも「経営組織論」という重要な研究分野があります。すでに紹介したモチベーションをいかに高めるか，という課題は，経営組織論の中心的な研究テーマです。

　野球のようにピッチャー，キャッチャー，ショート，レフトといった守備のポジションが決まっているスポーツの場合には，チームという組織のなかから各ポジションに最適な人を選び，配置するという作業が必要になります。企業経営でも，戦略を定め，組織をつくったら，そのなかの最適な人を

特定の仕事に割り振るという作業，つまり管理（マネジメント）が必要になります。人についての管理を「人的資源管理」と呼びます。人的資源管理には，企業に勤める人を探して選考する採用のプロセス，社内での出世をしていく昇進，給与の水準を決定する作業，休暇や福利厚生の規定，新たな知識を理解していく研修のシステムづくり，など，さまざまな課題があります。

　高校で行われるアマチュア・スポーツの場合には，給与が支払われることはありませんが，プロ野球のチームに入団する人たちを考えれば，選考・昇進（一軍か，二軍か）・給与・休暇・福利厚生・研修など選手としてのマネジメントを経ていることがわかります。組織としてチームを管理するという課題は，企業のなかの部局であれ，プロ野球であれ，共通したものです。高校での部活には給与はありませんが，その活動には組織運営としての共通性があると言えるでしょう。

　スポーツには，経営学と重なる部分があります。野球，サッカー，バレーボールといったチームプレーを考えてみると，それは明らかです。ゲームで勝つためには，戦略がなければ強くなりません。戦略という言葉はスポーツでは別のかたちで表現されているかもしれません。それは戦法であり，作戦であり，セオリーと呼ばれているかもしれません。野球の試合で一回の表，ノーアウト一塁の走者が出たときに，二番打者は送りバントをしますが，それはセオリーであり，戦略のひとつです。経営学にも「経営戦略論」という重要な研究分野があります。

3時間目

特別講義②
資金・知的財産・戦略のマネジメント

　ここまでは,「組織」と組織を構成する「人」に着目して,マネジメントを考えてきました。しかし,組織を作って動かし継続させていくには,他にもたくさんの要素が必要です。そして,それらも経営学の重要な研究課題です。限られたページ数の中では,それらすべてを紹介することはできませんが,この「時間」では皆さんに親しみやすいように,吹奏楽部の定期演奏会と音楽ビジネスを題材として「資金」,「知的財産権」,「戦略」のマネジメントをとりあげて紹介します。

Keyword:
資金のマネジメント,収入,費用,利益,損益分岐点,協賛金,会計,簿記,知的財産権のマネジメント,著作権,著作隣接権,複製のビジネス,イノベーション,知識,「コト」消費,戦略のマネジメント

3時間目　特別講義②：資金・知的財産・戦略のマネジメント

1．資金のマネジメント

　吹奏楽部の定期公演で日頃の練習成果を発表することも，りっぱな「音楽イベント」のひとつです。そして，その定期公演を運営する一連の流れを，ちょっとカッコよく言うと，「イベントのマネジメント」ということになりますが，そこで最初に突きあたるのが「公演のチケットの価格をいくらに設定したらよいか」という問題ではないでしょうか。高校の部活の公演ですから，企業活動のように利益をあげる必要はありませんが，必要な「費用」が足りなければ公演を行うことができません。そこで，まず適切なお金の流れを管理する「資金のマネジメント」が必要になるわけです。これは，個人でユニットを組んで，ライブハウスで演奏を行う場合も同じですね。

　では，吹奏楽部が音楽ホールを借りて定期演奏会を行うためには，どのような費用が必要でしょうか。

　まず，必要になるのが会場費と付帯設備費です。会場費には，音楽ホールや楽屋を借りるための費用が含まれ，付帯設備費には指揮台，照明設備，音響設備，ピアノなどを借りるための費用が含まれます。照明や音響にプロの力を借りる場合には，そのスタッフ人件費が必要です。衣装や舞台装置を準備するためのコンサート製作費，それにチラシ，ポスターなどの宣伝費も必要でしょう。演奏する曲によってはJASRAC（一般社団法人日本音楽著作権協会）などの音楽著作権管理事業者に，楽曲使用料（著作権料）を支払う必要が出てきます。これらの合計が公演を行うために必要な費用となります。ずいぶんとたくさんのことに，お金を使わなければなりません。

　では，お客さんは何人くらい来てくれるでしょうか。いま，仮に1000人収容のホールで公演を行うとします。そして，70％にあたる700人がチケットを買って公演を聴きに来てくれるものと見込みます。そうすると「公演費用の合計÷700人＝チケット1枚の価格」と計算することができます。この場合のチケット1枚の価格が，この公演が黒字になるか赤字になるかの「分かれ目」になります。このポイントよりも価格を高く設定すると

黒字，つまり利益が出ますし，低く設定すると赤字，つまり損が出ます。企業会計では，この黒字と赤字の分かれ目のことを「損益分岐点」というのですが，ここから先の詳しい話は大学の授業にゆずりましょう。

ところで，吹奏楽部の定期公演では，ある問題が発生する場合があります。皆さんが，がんばって良いステージをつくろうとした結果，たくさんの費用が必要になってしまって大変という状態です。費用を賄うためにチケットの価格を高く設定できれば良いのですが，そこは高校生の部活の公演です。価格を高くし過ぎると，チケットを買って聴きに来てくれるはずのクラスメイトや，他校の吹奏楽部員のお財布の中身が足りなくなって，チケットが売れないかもしれません。さあ困りました。

こういう場合，高校の部活では，いつもお世話になっている楽器店や，学校近くの商店街などに，資金援助（協賛金）をお願いすることが多いのではないでしょうか。これが「スポンサー」の獲得です。そして，公演のプログラムに援助をいただいた楽器店や商店の名前を「協賛」として明記します。

実は，有名なプロのアーティストのライブイベントも，同じ問題に直面することが少なくないのです。プロのアーティストも企業にスポンサーになってもらったり，会場でアーティストのグッズを売ったりして収入を補っていることは，けっして珍しいことではありません。

プロの世界では「興行収支計画表」と呼ばれるものを作成して資金計画を立て，ライブを行っています。「収入」の項目を見るとライブの収入の柱となる入場券収入（チケットの販売代金）のほかに，協賛収入（スポンサーから得る資金），物販収入（グッズやCDなどを販売して得る収入）などが想定されています。皆さんはライブに行ったときに，記念グッズやアーティストのCDを買ったことはありませんか。興行収支計画表には「費用」を示す項目もあります。アーティストの出演料や会場費，スタッフなどの人件費の他に，旅費・交通費，弁護士料，保険，宿泊費，運搬・輸送移動費，チケット販売手数料など，いろいろな費用が計画されています。そして，収入から費用を差し引いた金額が，ライブの「利益」ということになります。

このように，組織としての活動を行おうとすればお金がかかり，そのお金

を集める必要があります。支出しなければならないお金を費用あるいはコストと呼び，手に入れることのできるお金を収入あるいは売上高と呼びます。収入から費用をマイナスした差額が利益です。多くの人が，お金を出してでも見たいと思えるイベントでなければ利益をあげるのは容易ではありません。しかし，どのような公演でもコストは必ずかかります。さて，どのように資金のマネジメントを行ったらイベントを成功させることができるでしょうか。

大学では「会計学」や「簿記」をはじめ，多くの授業で資金のマネジメントについて学ぶことができます。また，「NHK高校講座」に「簿記」という科目があり，ネットのオンデマンドで視聴することができます。興味のある人は学習してみると良いと思います。

2．知的財産権のマネジメント

皆さんは「知的財産権」という言葉を聞くことがあると思います。知的財産権とは人間の知的創造活動によって生み出されたものを，創作した人などの財産として保護しようとするものです。色々な技術情報はもちろん，音楽や映画のコンテンツ，デザイン，ブランドも保護の対象となっています。さきほどの吹奏楽部の定期演奏会のところで，演奏する曲によって「音楽著作権管理事業者に楽曲使用料（著作権料）を支払う必要が出てきます」という話をしましたが，これも知的財産権のマネジメントにあたります。

ここでは音楽ビジネスを例にとって，知的財産権について見てみることにしましょう。

音楽ビジネスは，まず「権利」を売り買いし，その権利をCDやライブ演奏などの形に変えて顧客に買ってもらい利益を得る，はやい話が「権利ビジネス」だと言ったら，皆さんは驚くでしょうか。ここでいう権利とは，知的財産権としての「著作権」と，それに関連する権利（「著作隣接権」）です。高校の授業では，知的財産権とは人間の知的な創意工夫によって生み出された，無形の経済的価値に対する権利であり，具体的には著作権や特許をさ

2．知的財産権のマネジメント

す，といった内容で教わっているのではないでしょうか。

　音楽に著作権という考え方が生まれたのは意外と古く，18世紀末のヨーロッパにさかのぼります。ハイドンやベートーヴェンが活躍していた時代です。このころの作曲家は王侯貴族などの依頼を受けて曲を作り，作品は宮廷内のホールなどで演奏されることが多かったのですが，評判が良かった曲は，色々なところで多くの人によって演奏されるようになります。今で言うヒット曲です。たとえばモーツァルトは，いま風にいうと，斬新なアイデアで大ヒットを連発した天才クリエーターでした。

　そこで，まず作曲家から楽譜を預かって，演奏者に貸し出すビジネスが始まるのですが，やがて需要が増加すると，楽譜は当時のハイテク技術である印刷で大量に複製され，出版物として発行されるようになります。そして，1791年にフランスで出版物に対する著作権法が成立すると，楽譜出版に著作権管理という考え方が加わることになりました。

　次に，現在の音楽ビジネスと著作権の関係について，お話しましょう。まず，音楽ビジネスの基本的な流れをみてみましょう。音楽が生まれてから私たちリスナーのもとに届くまでには，はじめに作曲家や作詞家が音楽作品を創造し，それをアーティストが歌ったり演奏したりして（法律的には実演といい，実演をおこなった人を実演家とよびます），その演奏を音源として記録した原盤を作り（発売されることを前提に製作された音源，つまり実演された音楽が記録されたオリジナルのデータを原盤といいます），原盤がレコード（音楽ビジネスの中ではCDもレコードと呼びます）などの形に複製され，それをリスナーが購入して楽しむという流れをたどります。こうしてみると，音楽ビジネスとは複製つまり「コピー」のビジネスである，という見方もできるかもしれません。だから不正なコピーは「NG」となるわけです。

　では権利は，どのように発生するのでしょうか。

　音楽を創作した作曲家や作詞家に，その作品の権利として発生するのが著作権です。そして，この作品の演奏や歌などの実演を行ったアーティスト，つまり実演家には著作隣接権とよばれる権利が発生します。作品の創作者で

3時間目　特別講義②：資金・知的財産・戦略のマネジメント

はないけれど，その作品の伝達に力を尽くした人に発生する権利のことを著作隣接権と呼びます。また，実演家の歌や演奏などを記録して原盤を作ったレコード製作者には，原盤権（法律ではこれも著作隣接権のひとつと考えます）が発生します。

　音楽は，もともと形のない知的な創造物ですが，作品の創作や伝達に対して権利を認めることで，その経済的な価値が保護されるのです。つまり，「カネ」になるわけです。こうして生まれるお金を，著作権や著作隣接権を持つ人や企業が，利益として分け合っているのが音楽ビジネスです。

　ここでは，音楽ビジネスと著作権を例にとって知的財産権のお話をしてきましたが，今日の社会では，知的財産権は特許権や実用新案権，育成者権，意匠権（デザインに関わる権利），著作権，商標権など多くの範囲に及んでいます。

　イノベーションや社会の課題解決のために，「知識」が重要な価値を持つとされる現代社会では（42，156ページ参照），「知的財産権」に関わる適切なしくみ作りやマネジメントは，音楽ビジネスだけでなく，他のビジネスや大学での研究，さまざまな創作活動においても重要な役割を果たしています。大学に入ったら「知識経営（管理）論」や「技術管理論」，「イノベーション論」といった授業で，また，関係する法律学の授業で，この分野について勉強してみてください。

3．戦略のマネジメント

　「kawaii×ヘヴィメタル」のコンセプトで結成されたBABYMETALが，国内でのライブはもちろん，レディ・ガガのツアーに帯同したり，海外のロックフェスティバルに出演したり，ワールド・ツアーをしたりしています。そして，2016年4月，彼女たちの2枚目のアルバム「METAL RESISTANCE」が，アメリカのビルボード・アルバムチャートで39位にランクされました。これは日本のアーティストとしては，1963年の坂本九に次ぐ順位です。

3．戦略のマネジメント

　BABYMETALが所属しているのは，サザンオールスターズや福山雅治，BEGIN，ポルノグラフィティなどの大物アーティストを擁する，業界大手の「アミューズ」という企業です。近年，この企業の収益構造には大きな変化が見られます。2005年は2割程度だったライブとライブ関連事業の売上高の割合が，2015年には約6割に達したのです。企業としての方向性，つまり「戦略」そのものがライブ中心に向かっているわけです。

　また，ライブハウスなどを含む国内の「コンサート入場料収入」は，2007年から2016年の間で約2.3倍になっているというデータもあります。このようなライブ重視の傾向は，世界的なビッグアーティストの間で，いち早く進みました。マドンナやU2，レディ・ガガなどは，ワールドワイドに展開するイベント興行企業と契約を結び，一方でネットやCDを活用しながら，ライブで世界市場を制する方向に動いているようです。音楽すなわちライブという時代になってきました。世の中はCDなどの「モノ」を買う時代から，ライブという「コト」，つまり体験を買うことに中心が移り変わってきているとも言えそうです。

　このように見てくると，なぜAKBや地下アイドルの人気が高いのか，その理由も分かります。AKBや地下アイドルのファンは，比較的小規模な劇場で行われるライブを聴きに行くことや，握手会などの機会にアイドルと会えること，総選挙などを通じて推しメンを応援することなどに，大きな価値を感じているのです。そして，いち早く，このような時代の変化をとらえ，「モノ」に加えて「コト」をビジネス化したところに，AKB大成功の秘密が隠されているのかもしれません。

　そして，もう一つ注目してもらいたい点があります。それは，同じライブを中心にしたアイドルグループでも，BABYMETALが海外市場やアリーナなどでの，大規模なライブを活動の中心にしているのに対し，AKBはメジャーになっても小劇場を拠点として活動し続けたり，握手会を開いたりする「会いに行けるアイドル」というポイントを大切にしていることです。つまり，そもそもの売り方の戦略が異なっているわけです。

　時代によって人々や社会が求めるものは移り変わり，それにつれて組織

3時間目　特別講義②：資金・知的財産・戦略のマネジメント

や，企業のビジネスのあり方，利益の源も大きく移り変わっていきます。また，BABYMETALとAKBのように，同じアイドルグループでも，どのような活動を行っていったら，より人々に受け入れられるかは，それぞれに異なっています。このように，時代の変化や社会のあり方に合わせて，どのように組織の活動を組み立てていったら良いのか，また，どのように商品の特徴を打ち出していったら消費者の支持を得ることができ，企業として利益をあげていくことができるのかを考えるのが「戦略のマネジメント」です。皆さんも「経営戦略」とか「マーケティング戦略」といった言葉を耳にすることがあるのではないでしょうか。

大学では「経営戦略論」をはじめ，「国際経営戦略論」という名前の付いた授業が用意されていますし，「マーケティング」や「意思決定論」，「消費者行動論」といった授業も関連する分野です。

この戦略のマネジメントについては，次の「体育」の時間で，「マーケティング」と「ブランド」という切り口から，さらに詳しくお話しします。

【参考文献】
相徳昌利（1998）『音楽ビジネス参入のすすめ』中央経済社。
一般社団法人デジタルコンテンツ協会編（2017）『デジタルコンテンツ白書2017』一般社団法人デジタルコンテンツ協会。
遠藤功（2014）『ざっくりわかる企業経営のしくみ』日本経済新聞出版社。
大川正義（2013）『最新音楽業界の動向とカラクリがよ〜くわかる本』秀和システム。
経済産業省地域経済産業グループ（2015）『平成27年度　地域経済産業活性化対策調査（地域の魅力的な空間と機能づくりに関する調査）』経済産業省。
小池祐二（2018）「音楽関連産業に見るイノベーションがもたらす諸変化とその意味—ピアノ音楽，ライフスタイル，ビジネスモデル—」『研究と評論』No. 83，法政大学第二中・高等学校。
電通総研（2016）『情報メディア白書2016』ダイヤモンド社。
日本音楽出版社協会（2014）『MPA GUIDE』日本音楽出版社協会。
山口哲一（2015）『新時代ミュージックビジネス最終講義』リットーミュージック。
湯浅政義（2004）『音楽ビジネス　仕組みのすべて』オリコン・エンタテイメント。
「BABYMETAL　メタルと美少女のギャップで魅了 "聖地" で名を上げ，日本に凱旋」『日経トレンディー』2015年7月号。
「【アミューズ】ライブで "爆進" し収益は過去最高　知られざる大手芸能プロの稼ぎ方」『DIAMOND online』2015年11月20日。
「BABYMETALという戦略」『週刊東洋経済』2016年5月28日号。

1日目コラム　経営学部での学びが有利になる資格試験

　経営学部で学ぶことで国家資格試験合格のための基礎を学ぶことができます。経営学部を卒業して得ることができるのは，学士という大学卒業資格ですから，国家資格試験に合格するためには，そのための受験準備が必要です。難しい受験勉強をして，合格する必要があるのですが，そうした資格としては，公認会計士，税理士，中小企業診断士，社会保険労務士などがあります。

　ここでは，最難関と言われる公認会計士と税理士について簡単に説明しておきましょう。最難関となるのは，その資格を取得したのちに一定の収入を得る人が多いからです。中小企業診断士や社会保険労務士の場合には，本業として会社に勤務しながら，これらの資格を取得する人が多いのですが，公認会計士や税理士の場合には，その資格を持つことによって独立して開業し，その資格にかかわる業務を本業とすることができる収入を得る人も多いのです。

　公認会計士は，会計のプロフェッショナルです。企業が作成した会計書類を財務諸表と言いますが，それが正しく作成されているかどうかをチェックする国家資格を持っています。会計書類をチェックする業務のことを監査といいます。大企業が作成する財務諸表の監査をビジネスとしているのが監査法人と呼ばれる会社であり，公認会計士資格を持った人たちが働いて，組織的に監査業務を行います。会計書類をチェックするだけではなく，会計書類作成の段階からアドバイスをすることをコンサルティング業務といいます。そうした業務を行う会社を会計コンサルティング会社と呼びますが，公認会計士資格を持って会計コンサルティング会社に勤務する人もいます。すでに述べたように，公認会計士資格を持って独立した会社を立ち上げて，監査法人を運営したり，会計コンサルティング会社をつくったりする人もいます。

　税理士は，会社や個人が税金を納めるための手続きを助ける仕事をします。税金を納めることを税務申告と言い，収入のある人は，毎年，納税の義務を負っています。個人の場合であれば，収入から経費（費用）をマイナスしたときの残額を所得と言いますが，この所得に対して所得税という税金がかかります。このときに，どのような出費が経費として認められるかは，所得の額を決めることになります。もしも，様々な出費が経費として認められれば，その分だけ所得は低くなり，支払うべき税額も少なくてすみます。たとえば，10年間利用する機械設

備を購入したとすれば，その機械設備購入費用のうちの一定割合を毎年収入から差し引くことが法的に認められています。こうした制度のことを減価償却（げんかしょうきゃく）といいますが，税理士は，そうした制度の詳細を知って適格な税務申告を助けるのが仕事です。税理士事務所や税理士法人といった業態では，複数の税理士が集まって業務を行い顧客のニーズに対応しています。

　公認会計士になるためには，必修科目として財務会計論，管理会計論，監査論，企業法，租税法の試験に合格し，さらに，選択科目として経営学，経済学，民法・統計学のなかから一科目に合格しなければなりません。税理士になるには，必修科目として簿記論，財務諸表論，選択必修科目として所得税法，法人税法のうちの一科目以上選択，選択科目として相続税法，消費税法，事業税，国税徴収法，酒税法，住民税，固定資産税があり，消費税法・酒税法と住民税・事業税はどちらか一科目のみ選択可という条件のもと，以上の必修科目と選択科目の合計で5科目以上に合格する必要があります。

　公認会計士試験では，同じ年に一括して合格しなければならないのに対して，税理士試験では何年かかけて科目ごとに合格することが認められています。また，公認会計士試験に合格した人は，日本税理士連合会に届け出をして税理士登録することで税理士資格を得ることができます。

　大学の経営学部では，これらの受験科目すべてではありませんが，主要科目についてのカリキュラムが準備されています。筆者の勤務する大学では，毎年，最難関の公認会計士試験に大学三年生で合格する学生がいます。大学では学生の試験対策用自主講座を支援する形で，自習室を準備しています。大学四年生ないし大学卒業後数年で合格する人が多いのですが，会社勤めをして業務を続けながら試験に合格する人もいます。

2日目
高校の教科からみた経営学
[Part 1]

1時間目

体育
体育とブランド・マネジメント

　スポーツ競技は人びとの才能を開花させます。スポーツ競技で勝つ，ということを醒めた眼で見てみると，自分が人よりも優れていることを体の動きによって示す活動であると言えます。陸上や水泳のように時間を競うスポーツもあれば，空手やレスリングのように個人が戦うスポーツもあり，体操やシンクロナイズド・スイミングのように審査員による美しさの主観的評価で争う場合もあります。自分はヒトとは違うという感覚は，スポーツ以外でも表現することができます。広い家に住む，高級乗用車に乗る，といった活動は自己顕示欲求を満たす人間の行動であり，世界中の人間たちに共通する行動です。ブランド・イメージをつけた商品を人びとが購入するのは，それを身につけることによって自己顕示欲を満たすことができるからです。こうしたブランド・マネジメントの手法を現代のマーケティングに見ることができます。

Keyword:
ブランド，ブランド価値，マーケティング，4つのP，プロダクト，プライス，プレース，プロモーション，AIDMAの法則，注意・関心・欲求・記憶・行動，ブランド構築

1時間目　体育：体育とブランド・マネジメント

1．スポーツとブランド

　運動部に所属している諸君には，それなりの「こだわり」があるようです。野球部であれば，夏の汗のなかで体温を下げてくれるアンダーウェアのブランドにこだわったりしています。ユニフォームやボールを入れるバッグにも，いろいろな「こだわり」があるでしょう。その「こだわり」のひとつが「ブランド」ではないでしょうか。

　ナイキ（NIKE），アディダス（adidas），アシックス（asics），アンダーアーマー（UNDER ARMOUR），ミズノ（MIZUNO），ニューバランス（New Balance）など，スポーツ用品のブランドはたくさんあります。ナイキの製品であることを示す三日月型のマークのことをロゴマークといいます。三日月型のロゴマークがついたナイキの製品を，みなさんもひとつは持っているかもしれません。ナイキのロゴマークは頭文字のNをデザインしたものですが，これは，ハンバーガーを売っているマクドナルド社のMというロゴマークと並んで世界的に知られているものです。

　日本中の誰もがナイキのロゴマークを知っている，という状態は，偶然そうなったのではありません。ナイキという企業が意図的に自社のロゴマークを全世界に広めてきたから，その結果として多くの人たちにロゴマークが知られてきたのです。全世界に広める方法として，意図的に有名なスポーツ選手たちを宣伝に使ってきたからこそ，多くの人々に認知されるようになったのです。

　会社の名前や製品の名前などを人々が知り，それを記憶するときに，「ブランドが認知された」といいます。経営学のなかで，商品の販売をするための専門的知識を「マーケティング」といいますが，このブランドの認知は，マーケティングの基本的な構成要素となっています。

　ふだんの生活でブランド品と言えば，シャネル（CHANEL），ルイ・ヴィトン（LOUIS VUITTON），ディオール（Dior），エルメス（HERMÉS）など，女性用のバッグや服，化粧品などを販売するフランスやイタリアの企

業が有名です。これらの企業も，ブランドを打ち立てることによって販売を増やしてきたという意味で，ナイキと共通した「マーケティング戦略」を採用してきたということができるでしょう。

　ブランドとは，会社の登録した商標から生まれるものですが，それは人々の記憶に刻まれるものです。自分の会社で商標マークを作成するだけでは，ブランドの価値は生まれません。ブランドの価値とは，人々の記憶に刻まれた会社名や商品名の価値から生まれます。２つのまったく同じ機能を備えたバッグがあって，ひとつには有名なブランドのロゴマークがついており，もうひとつにはなんのブランド名もついていないときに，有名ブランド品に高い値段を支払おうとする人がいるとすれば，その差額分がブランドからの価値である，ということができます。

　ブランドの価値は，なぜ生まれるのでしょうか。なぜ，みなさんはナイキのロゴマークのついたスポーツ・バッグには，ロゴマークのないスポーツ・バッグよりも高い値段を支払うのでしょうか。ナイキがバッグをつくると，他のバッグメーカーよりも壊(こわ)れにくいバッグを作る技術力があるからでしょうか。長い年数使っても壊れない信頼性があるからでしょうか。あるいは，ナイキのロゴマーク入りスポーツ・バッグを持っているという「あなた」の自尊心を満足させるからでしょうか。こうした要因が何パーセントかずつ混ざりあって，「あなた」はナイキのロゴマーク入りスポーツ・バッグに部活の必要品を入れることになるのでしょう。

　ブランド価値を高めるために，ナイキは何をしてきたでしょうか。何をするか，ということを経営学では「戦略」と呼びます。つまり，ナイキにはマーケティング戦略があり，その一部を構成するブランド戦略があったということができます。

２．マーケティング戦略としての４つのＰ

　マーケティングをすること，たとえば，ナイキのスポーツ・シューズを販売しようとするときには，どのような方法を採用すると良く売れるのでしょ

1時間目　体育：体育とブランド・マネジメント

うか。「良く売れる」ということの意味は，少し説明する必要があります。もしも「たくさん売れる」ことだけが目的であれば，値段を安くすればよいかもしれません。しかし，「良く売れる」ためには，企業が次の新しいスポーツ・シューズをつくるための投資を可能にするものでなければなりません。つまり，値段と販売数量の掛け算として，企業に利益を与えるものでなければなりません。その利益の一部を投資することによって，企業は次の商品を開発することができるのです。新商品は，ある程度の値段を出しても，それを買った人が満足するスポーツ・シューズでなければなりません。購入した人の満足が生まれるものでなければなりません。

　マーケティングでは，「4つのP」という考え方があります。①プロダクト（product），②プライス（price），③プレース（place），④プロモーション（promotion）という4つのPではじまる単語の意味を重視すると，「良く売れる」ために必要な条件がわかる，という考え方のことです。大学の経営学部に入学して，マーケティングを学ぶと最初に学ぶのが4つのPですが，ここで，ひとつずつ説明していきましょう。

　プロダクト（product）とは，販売する商品のことです。たとえば，スポーツ・シューズは，ナイキにとってのひとつのプロダクトとなります。今，売れているスポーツ・シューズを購入している人は，何に満足しているのか，逆に，何に不満を感じているのか，を知るところから新製品の開発がはじまります。靴底(くつぞこ)をどのような形状にすると弾力性のある履(は)き心地(ここち)になるのでしょうか。靴底の素材となるゴムは，どの会社から仕入れたものが適切でしょうか。

　バスケットボール，陸上，テニス，自転車，野球など，数多くのスポーツのうち，専用のスポーツ・シューズを何種類開発するのが適切でしょうか。製品開発には，技術的な専門知識のほかに，マーケティングに関する戦略が必要となってきます。ナイキという会社を単位とした場合に，靴に力を入れるべきでしょうか。それともアンダーウェアに注目するべきでしょうか。靴とアンダーウェアは，セットで販売されるべきでしょうか。それとも別々の商品として販売されるべきでしょうか。

2．マーケティング戦略としての4つのP

　プライス（price）とは，商品の価格のことです。バスケットボールのシューズは，一足，いくらで販売するのが適切でしょうか。あまり安い価格だと，バスケットボールのシューズを製造するときにかかった費用を回収することができません。費用には，シューズの素材となる原材料の価格，それを加工する人たちの人件費，工場でかかる電気代，ガス・水道代，機械を購入する代金などがあります。逆に，あまり高い価格だと，誰も買うことはできないでしょう。しかし，なるべく高い価格で販売できれば，利益が多くなります。できるだけ高く販売するための工夫は，何でしょうか。

　プレース（place）というのは，販売する場所や流通経路のことを意味します。ナイキのスポーツ・シューズは，どこで販売されているでしょうか。街の商店街の靴屋さんにあるでしょうか。スポーツ用品店でしょうか。デパートでしょうか。ABCマートのような靴の専門チェーン店かもしれませんし，アマゾンのようなインターネットのサイトで買う人もいるかもしれません。家族で御殿場や軽井沢にあるアウトレット・モールに行ったときに，買ったことのある人もいるでしょう。

　御殿場や軽井沢にアウトレット・モールが開発されて，そこに開店する店舗が募集されたときに，ナイキの専門店を開設するかどうか，という判断があったはずです。みなさんが小学校のとき，学校用の運動靴は街の靴屋さんで買ったかもしれません。しかし，ナイキのスポーツ・シューズを買うのは，中学生以上の若者が主ですから，彼ら・彼女らが自分の意志で購入している，という感覚に支えられています。すべての生徒・児童に同じ靴をはかせて運動や体育を教える，という学校教育とは逆に，誰かとは違っていて，チームの仲間に少し自慢できるような靴を買いたい，という気持ちに訴えかけます。

　4つのPの最後，プロモーション（promotion）というのは広告宣伝のことです。広告宣伝の仕方によって企業や商品のイメージが決まります。それがプロモーション（promotion）であり，ブランドの認知度を高めることです。どこの会社がつくったのかわからないバスケットボール・シューズよりも，ナイキのシューズが選ばれるのは，ナイキのシューズが与える満足

感が高いからでしょう。その満足感の一部はブランドの認知度から生まれます。

3．代表的なスポーツ選手によるマーケティングの事例

　テニスの国際大会を見ると，錦織圭選手がユニクロのブランドを身に着けていることがわかります。錦織選手のスポンサーとしてユニクロが資金を出し，錦織選手がそのユニフォームを身に着けることで，世界中の人たちがユニクロというブランドの存在を知ることになります。

　4つのPのなかのプロモーションの手法として，スポーツ選手を使った手法は，成功確率の高いものと言えます。アメリカであれば，プロのバスケット・ボール選手，プロのアメリカン・フットボール選手，プロ野球選手は，よく有名商品のプロモーションをしていますし，日本であれば，相撲の力士，プロ・サッカー選手なども，よくテレビ・コマーシャルに登場します。

　プロモーション手法の考え方のひとつとして「AIDMAの法則」というものがあります。これは，Attention（注意），Interest（関心），Desire（欲求），Memory（記憶），Action（行動）の頭文字をとったもので，人々の購買行動を一般化した考え方です。

　錦織選手の活躍とともにユニクロというブランド名を眼にした人たちは，「ユニクロって何だろう？」という注意（Attention）が喚起されます。町でユニクロの店舗を見たことのある人たちは，「ユニクロでは今，何を売っているのだろう？」という関心（Interest）を持つかもしれません。錦織選手の来ているポロシャツを見て，ユニクロに同じポロシャツは売っているのだろうか，と欲求（Desire）を駆り立てられるかもしれません。ユニクロで販売されている特定の商品を「欲しい！」と思う人がいるでしょう。そうした欲求は，まだ購入に至っていない人たちの記憶（Memory）に留められています。テレビ・コマーシャルは，人々が無意識なうちに商品名や会社名を記憶するように仕組まれた芸術作品と言っても良いでしょう。特定の

商品についての欲求を持ち，ユニクロによる商品の宣伝や，店舗のロゴなど記憶して店舗に訪れた人たちは，商品の購入という行動（Action）をとることになるでしょう。

4．ブランド構築の意味と価値

　製品の販売手法についての科学的なアプローチのことをマーケティングと言います。マーケティングは，経営学部で教えられる科目のなかの花形と言ってもよいでしょう。20世紀に確立した大量生産・大量消費という文化を支えたのが，大量販売に関する技術，つまり，マーケティングであったのです。このマーケティングの手法は，コンビニエンス・ストアやホテルといったサービスの提供や，牛肉・くだもの・乳製品といった農産品にいたるまで，さまざまな形で応用されています。また，大量生産を行う商品だけではなく，ひとりひとりの購入者のニーズにあわせた製品づくりに適合させて，新たな進化をしています。たとえば，インターネットを通じた購入であっても，AIDMAの法則はあてはまる，と言えるでしょう。

　AIDMAの法則のなかで，とりわけ多数の専門家をひきつけているのがMemory（記憶）の部分です。マーケティング手法として，このMemory（記憶）に働きかけるのが，ブランドです。有名なブランドとしてはハンバーガー・チェーンのマクドナルドが店舗につけているMのマークがあります。あの黄色のMマークを見れば，それがマクドナルドというハンバーガーを売る店であり，その店にはビッグマックやポテトフライが販売されていることがわかります。

　ブランドには，企業ブランドと製品ブランドという2つの種類があります。トヨタは企業ブランドであり，プリウスはトヨタの販売する乗用車の製品ブランドです。企業は，将来，自社の製品を購入してくれるであろう人々に対して，企業ブランドと製品ブランドを記憶してもらうように働きかけていることになります。そのためにテレビ・コマーシャルを打ち，新聞広告を出し，スポーツ大会のスポンサーとなり，スポーツ選手に自社製品を使って

1時間目　体育：体育とブランド・マネジメント

もらう，という専属契約をします。
　このようなプロモーション活動を行いたい企業と，そこに登場する歌手や俳優やスポーツ選手とをつなげる役割りを果たすのが，広告代理店です。広告代理店は，新聞，テレビ，ラジオというマス・メディアでの広告枠を持ち，その枠を企業に販売する仕事をしています。マス・メディアとは多数の人々が眼にする広告媒体のことで，広告枠とはコマーシャルを行う紙面やテレビ番組内でのコマーシャル放映時間を意味します。
　経営学部の花形科目がマーケティングであるのは，企業の営業活動に従事したいと希望する大学生や広告代理店に勤務したいと希望する大学生が多いことを背景にしています。テレビ・コマーシャルの裏方として，企業とスポーツ選手をつなぐ役割を果たすのが広告代理店です。ブランドの意義を理解しておくことは，こうした業界で働くための基礎知識を与えることになります。

2時間目

政治経済①
社会の課題解決に挑む企業 I
無添加100円パンで食品ロス削減にチャレンジする企業

　この「時間」と3日目の3時間目，4日目の2時間目では，社内の課題解決をはかりながら，広く大きな社会的課題にも挑み，成長を遂げようとしている企業のケースを紹介します。この時間では，まず企業と社会的課題の関わりについて説明し，続いて社会の課題解決に挑む企業のケース紹介の一番目として，株式会社アクアをとりあげます。アクアは可能な限り食品ロスを出さず，ほとんどの商品に100円という価格を設定し，かつ食品添加物を使わないパンを提供するベーカリーチェーンを展開しています。そのマネジメントの秘訣はどこにあるのでしょうか。

Keyword:
環境保護，社会的課題の解決と企業，CSR，SRI，ステークホルダー，知識経営（管理），フロネシス，実践知，食の安全，食品ロス，チェーンストア，セントラルキッチン，個店主義，モチベーション，チームワーク

2時間目　政治経済①：社会の課題解決に挑む企業Ⅰ

1．企業と社会的課題の解決

　現代の社会には，たくさんの課題があります。環境や安全，持続可能性，少子高齢化，雇用と労働，消費者問題，食の安全などは，「政治経済」に限らず，「理科」や「家庭科」などの学習でも，よく耳にするテーマではないでしょうか。

　高度経済成長期には4大公害裁判に代表される，数多くの公害・環境問題が発生しました。そして，産業の育成や利益を優先して，それらの問題を引き起こした国や企業の責任が厳しく問われました。

　現在，政治経済などの教科書には，「CSR（企業の社会的責任）」や「SRI（社会的責任投資）」ということばが紹介されています。CSRとはCorporate Social Responsibilityの略で，企業が社会に対して果たすべき責任を意味しています。環境保護や社会貢献活動などがCSRの代表的なものですが，現在の企業には株主・顧客・取引先・社員・地域住民など，利害関係者（ステークホルダー）全体の経済的豊かさや満足度を高めることが求められているのです。SRIとはSocially Responsible Investmentの略で，投資家が投資先を選ぶにあたって，企業の財務内容ばかりでなく，その企業が社会的責任を果たしているかどうかを基準にしようという考え方です。現在では，さまざまな社会的課題の解決に役立つ技術開発や，マネジメントの担い手となっているのも企業なのです（191～192ページ参照）。

　また，経営学には「ナレッジ・マネジメント」という分野があり，知識経営とか知識管理と訳されています。そして，そこでは「実践知」という言葉が重視されます。実践知とは，ごく簡単に言うと，善や徳の価値基準をもって，それぞれの状況に即した適切な判断ができる実践的な知性ということになりますが，これは，遠く古代ギリシャのアリストテレスがとなえた「目的を実現するために適切な手段を選ぶ実践的な思慮」（フロネシス）という考えにもつながります。それぞれの場所や場面において，社会の課題解決をはかろうとする知識や知性を創造することだと言っても良いでしょう。アリス

トテレスは「倫理」や「世界史」の教科書にも登場します。
　それでは，社会の課題解決に挑戦する企業のようすを見ていきましょう。

2．アクアベーカリー

　アクアベーカリーは埼玉県上尾市に本社を置く，株式会社アクアが展開する複数の事業の中の，パンの製造・販売部門で，「ブーランジェ・ベーグ」などの店舗名で，埼玉・栃木・東京・千葉に17店舗（2018年8月現在）をチェーン展開してパンの製造販売を行っています。
　アクアベーカリーの最大の特徴は，それぞれの店舗で販売している，およそ100種類のパンのほとんどに100円（税抜き）という価格が設定されていることです。
　社長の徳永奈美さんがベーカリー事業への進出を決意したのは，1990年代のことです。アクアは，もともとアミューズメント事業を中心に展開する企業でしたが，1990年代には大型総合アミューズメント施設の全国展開が始まるなど，業界が大きく動き出していました。そのため，徳永さんは会社を発展させるには，新しい成長の軸を作ることが必要との課題を痛感していました。そして，当時，「食の安全」に対する意識の高まりによって，「手作りパンの店」が注目を集めていたことから，ベーカリー事業への進出を決意します。

3．100円パンへの挑戦

　あるとき徳永さんは，たまたま通りかかった大手ベーカリーチェーン店の前で，かわいらしい女子店員さんが，たくさんのパンが入った大きなビニール袋を廃棄場所に運び，あたりまえのように捨てているのを目にし，大きなショックを受けました。今日，「食品ロス」と呼ばれている問題です。
　大手のチェーン店は本部工場（セントラルキッチン）で作って冷凍したパン生地を店舗に運び，店舗でまとめて焼いて陳列し，あらかじめ決められた

時間がたつと，売れ残り商品を大量に廃棄しているのです。そして，「捨てるための費用」は，その商品を作るために必要な原材料やエネルギー，人件費などの費用（生産費）と，輸送や保管などの流通にかかわる費用（流通費），食品メーカーや店舗の利益に上乗せされて，商品の価格を構成しています。つまり，食品廃棄の費用は消費者自身が負担しているのです。

徳永さんにはもうひとつ，100円ショップのようなベーカリーを作れないかという思いがありました。100円という価格の魅力はもちろんですが，100円ショップにはたくさんのアイテムが揃っていて，あんな楽しい商品もある，こんな便利な商品もあるといった，ちょっとした宝探しのような楽しみが味わえるからです。

無駄をなくして廃棄をギリギリまで減らすことができれば，限りある資源やエネルギーを有効に利用でき，環境にも優しいのではないか。余計な廃棄費用がかからなければ，100円ショップのようなベーカリーを作ることができるのではないか。強い思いに突き動かされて，徳永さんの課題への挑戦が始まります。

4．逆転の発想で勝負する

さまざまな試行錯誤の末に徳永さんがたどりついたのが，「スクラッチベーカリー」という手法でパンを製造し，店舗をチェーン展開することでした。そして，徳永さんは100円のパンが100種類揃っていて，しかも食品ロスをほとんど出さないパン作りをめざした，新しい形態の店舗を開きます。2000年のことでした。

スクラッチベーカリーとは，粉をこねて生地を作るところから最終的な商品に仕上げるまでの，すべての工程を店舗で一貫して行うことです。アクアベーカリーではセントラルキッチンで作られて冷凍された状態で運ばれてくる生地を，店舗でまとめて焼いて販売するのではなく，それぞれの店舗で小麦粉をこねて生地を作ることからはじめ，たくさんの種類のパンを，その時々の売れ具合をみながら少しずつ，いつも焼きたての状態で販売するよう

4．逆転の発想で勝負する

にしたのです。

　アクアベーカリーでは，パン生地だけでなくカスタードクリームなどもそれぞれの店舗で作っています。そして，どのようなパンをどれくらい焼いて販売するかの判断や，新しい商品の開発提案なども各店舗の責任に任せられています。そのため，それぞれの店舗の品ぞろえは統一されていません。チェーンでありながら，徹底した「個店主義」を貫いています。

　このような生産方式だと，それぞれの店舗で，顧客がどのようなパンを，どのようなタイミングで，どれくらい求めているかが，データとして一目瞭然です。そして，そのデータを利用して，その日，その時間ごとの売れ行きに合わせて，必要な商品を必要な数量だけ焼くことが可能になります（175～182ページ参照）。結果として，原材料から完成品の商品まで，食品ロスは最低限に抑えられ，ほとんどの商品を100円（税別）で販売することが可能になり，一方で顧客は欲しいパンをいつでも購入できるようになりました。その場ですぐに売れていくようにパンを焼くのですから，保存料などの食品添加物を混ぜる必要もなくなり，顧客から「安心と安全の無添加パン」という大きな信頼を得ることもできるようになりました。

　「手間をかければ商品は安くできる」。

と，徳永さんは語ります。

　これまで，コンビニやスーパー，大手のベーカリーチェーンなど，多くのチェーンストアは標準型店舗をたくさん作り，本部の指令に基づいて工場から商品を配送し，全国一律の品ぞろえとサービスを提供することによって余計な手間を省き，効率的な経営と規模の経済を追求するという考え方に基づいて成長を遂げてきました。

　アクアベーカリーでは，商品の特徴に合わせて，たくさんの種類のパン生地を使い分けてパン作りを行っていますが，これはスクラッチ製法だから可能となることです。チェーンストアのオペレーションの常識にとらわれず，各店舗で，あえて手間をかけてパンを焼く。徳永さんは，まったく逆転の発

想で「100種類のパンを100円で販売し，ほとんど食品ロスを出さない，ワクワク感のあるベーカリー」を実現させました。

5．従業員のモチベーションとチームワーク

「アクアベーカリーの最大の財産は従業員のモチベーションとチームワークだ」。

と，徳永さんは語ります。

アクアベーカリーには，スクラッチ製法だけでなく，各店舗を支える従業員の高いモチベーションと固いチームワークがありました。

アクアベーカリーのスクラッチ製法では，まず，粉をこねて生地を作ることから仕事が始まります。そこでは職人さんは存分に自分の腕前を発揮することができます。また，どのパンをいくつ焼くかの判断や，新しい商品の開発も店舗に任されているので，そこには，おのずと職人さんからパートさんまでが一体となったチームができ，自分たちの店舗を盛り上げていこうとするモチベーションとチームワークが生まれ，従業員ひとりひとりの創意工夫が育まれます（14～17ページ参照）。

アクアベーカリーの店舗のキッチンは，作業が多い分，大手のベーカリーチェーンのものより広く作ってあります。また，間口も広いため，売り場や店の外からキッチンで働いている職人さんの姿を見ることができますし，職人さんも顧客の様子や反応を見ながらパンを焼くことができます。販売を担当している店員さんも，マニュアルどおりの型にはまった応対はしていません。従業員一人ひとりが正面から顧客と向き合ってコミュニケーションをとり，店舗全体のオペレーションや次の成長の一手を意識して仕事をしています。

いかにして一人ひとりに仕事に対する「やりがい」を持ってもらうか。徳永さんは，この課題解決の秘訣を，

「やらされ仕事は続かない」。

という言葉で表します。

　アクアベーカリーの店舗には，「ブーランジェ（Boulanger）」という名前が付けられていますが，これはフランス語で「パン職人」を意味することばです。「パンを売る店」であれば「ブーランジェリー（Boulangerie）」となるところですが，そこをあえて「パン職人」としたところに，徳永さんの人と仕事に対する考え方がよく表れています。

・・

【謝辞】
この「時間」は，株式会社アクア代表取締役社長の徳永奈美さんと，店舗への取材をもとに構成しました。この場を借りて，厚く御礼を申し上げます。

【参考文献】
野中郁次郎・西原文乃（2017）『イノベーションを起こす組織　革新的サービス成功の本質』日経BP社。

3時間目

数学①
2乗の計算で現状を理解する

　よく理数系などという言葉を耳にするためか，数学は「理科」との結びつきが強いイメージがあります。確かに，両者は自然科学において，切っても切れない関係にありますが，かといって理科とだけしか結びついていないわけではありません。現代ではモノを売ったり買ったりする場面や最小のコストで最大の利益を求めるようなときに，過去の実績やそれらの分析が必要とされています。データを利用・分析し，その結果を役立てていくことは，現実に行われている数学の応用の一つです。ところで，このような実社会への応用は，すべて皆さんがいま学んでいる数学が基礎となっています。数学は社会科学との結びつきも強く，社会現象の様々な分野を学ぶうえで非常に便利な道具となるのです。

　それでは皆さんが高校で学習している数学の内容をもとにして，まずは現状を理解することができることを学んでみましょう。

Keyword:
2乗の計算，競争，市場の集中度，ハーフィンダール・ハーシュマン指数，HHI，シェア，合併，データの平均，データの散らばり，分散，偏差，平均偏差，記号Σ

3時間目　数学①：2乗の計算で現状を理解する

1．市場の集中度を測る

　皆さんは普段の生活で，牛丼やハンバーガーのチェーン店を目にすることがあると思います。これらのチェーン店間では，例えば一方が390円のセットを発売すれば，すぐにもう一方が380円のセットで対抗したり，一方が並盛りの価格を290円と設定すれば，もう一方は280円と設定したり，ということが行われることがあります。それぞれ，激しい競争にさらされていると言えるでしょう。

　一般に企業と企業の間では，日頃から価格，広告，新製品開発，顧客サービス向上の競争が行われています。これらの競争は，その製品の市場での成長率が高い時はそれほど問題とはなりませんが，市場が成熟して成長率が低くなると，それぞれの分野での競争で体力を消耗し，その企業の利益はもちろんのこと，業界全体の利益を低下させることに繋がります。中でも多数の競争業者がひしめき合っている業界や，競争業者の数が少なくても，その規模と経営資源の質と量が同程度である業界は，激しい競争に陥りやすくなります。

　先ほどの牛丼のチェーン店とハンバーガー店のチェーン店は，どちらも激しい競争が展開されています。ところで，この2つの市場を比較した場合，どちらの競争のほうが激しいと言えるでしょうか。

　牛丼のほうが価格面での競争が激しそうだ，あるいはハンバーガー店のほうが店舗が多いから競争が激しそうだ，とか，人それぞれいろいろな考え方で比較することが可能です。

　こうした比較を市場の集中度から測る方法を用いて行うことができます。それが，ハーフィンダール・ハーシュマン指数（以下HHIと表記）というものです。

　HHIは，高校生なら誰でも計算することができるものです。具体的には，各企業の市場シェアを2乗して足しあわせるという単純な計算です。

　まず，表1を見てください。これはA業界とB業界の市場シェアを示した

A業界	B業界
P社　20%	V社　80%
Q社　20%	W社　10%
R社　20%	X社　5%
S社　20%	Y社　3%
T社　20%	Z社　2%

表1　A業界とB業界の市場シェア

ものです。このとき，HHIは市場シェアを2乗して足しますので，次のように計算できます。

$$HHI_A = 20^2 + 20^2 + 20^2 + 20^2 + 20^2 = 2000$$
$$HHI_B = 80^2 + 10^2 + 5^2 + 3^2 + 2^2 = 6538$$

次に，10社からなり，シェアがすべて同じ10%であるC業界を考えます。C業界のHHIは，次のようになります。

$$HHI_C = 10^2 + 10^2 + 10^2 + 10^2 + 10^2 + 10^2 + 10^2 + 10^2 + 10^2 + 10^2$$
$$= 1000$$

A，B，Cの3つの業界のHHIを計算した結果から，次のことがわかります。

① 企業のシェアが同程度であればあるほど，HHIの値は小さくなる（A，B業界のHHIの結果から）
② 企業のシェアが同程度であるとき，競争に参加している企業の数が多くなれば多いほどHHIの値は小さくなる（A，C業界のHHIの結果から）

HHIの定義から，もしある市場が1社独占であった場合，そのHHIの値は10000となります。市場の集中度が最も高い状態です。逆に，多くの企業が競争に参加して，市場の集中度が下がる場合，例えばシェアが0.1％，あるいは0.01％などという企業が乱立した場合のHHIを計算すると，その値は限りなく0に近づきます。

つまり，HHIは，値が小さければ小さいほど，市場の集中度が低く，競争が激しいことを示すのです。

ところで実際の企業活動においては，様々な経営戦略上の理由により，それまで競争相手だった企業同士で合併することがあります。

静岡県内預金量トップの浜松信用金庫（浜松市）と同4位の磐田信用金庫（磐田市）が，また3位のしずおか信用金庫（静岡市）が6位の焼津信用金庫（焼津市）とそれぞれ合併することで合意し，2019年までの合併を目指すと発表しました。（出所：2017年9月1日，日本経済新聞）また「ENEOS」ブランドで知られるJXホールディングスや，「ゼネラル」ブランドの東燃ゼネラル石油といった石油元売り会社は，1980年代半ばまでは20社近くありましたが，合併に次ぐ合併によって2017年4月現在では6社にまで減りました。2017年4月に誕生したJXTGエネルギー会社は，JXと東燃ゼネラルの統合により生まれたものです。

企業合併が起こると，HHIはどのように変化するでしょうか。

まず前ページ表1のA業界で考えてみましょう。

P社とQ社が合併し，新たにα社が設立されたとします（表2）。このとき，合併後のA業界のHHIは次のようになります。

$$HHI_{A'} = 40^2 + 20^2 + 20^2 + 20^2 = 2800$$

P社とQ社が単独で存在していた時には，HHIを計算するための値は$20^2 + 20^2 = 800$でしたが，合併することにより，$40^2 = 1600$と変化しています。合併することにより，HHIの値が800上昇，つまり集中度が高まった

A業界		B業界	
α社	40%	V社	80%
R社	20%	β社	15%
S社	20%	Y社	3%
T社	20%	Z社	2%

表2　合併後のA業界とB業界の市場シェア

と考えることができます。

　合併によりHHIの値がどれだけ増えるかは、中学で学習した展開公式を考えれば簡単です。2つの企業のシェアがそれぞれ$a\%$、$b\%$であるとすると、合併後の値と合併前の差をとれば、

$$(a+b)^2 - (a^2 + b^2) = a^2 + 2ab + b^2 - (a^2 + b^2) = 2ab$$

すなわち、$2ab$だけ増加することになります。

　これにより、例えば表1のB業界の2位W社、3位X社の合併によるHHIの増分は$2 \times 10 \times 5 = 100$と求められることになります。

　さて企業が合併する理由は様々ですが、シェアの大きな企業同士が合併すると、市場の集中度が高くなりすぎ、いわゆる寡占化が起こります。少数の企業で、その市場を支配することとなり、競争が制限されたり、消費者の利益が損なわれたりすることに繋がります。

　このため公正取引委員会では、企業合併について、HHIの値やその増分が一定の値を超えた時には審査を行い、場合によっては、排除措置命令を出すことができるとしています。（表3）

　公正取引委員会の考え方によれば、A業界では、合併後のHHIが2800、HHI増分は800となるために審査の対象となり、B業界では、合併後のHHIは6638であるものの、HHI増分は100であり、審査の対象とはなりません。

　一方、先述したJXと東燃ゼネラルの合併においては、ガソリン元売り市場における平成26年度の市場シェアは表4のようになっていました。仮

競争を実質的に制限することとは通常考えられない水準（審査の対象とならない）
- HHI1500以下
- HHI2500以下＋HHI増分250以下
- HHI2500超＋HHI増分150以下

※競争を制限する恐れが小さい水準（個別の審査が必要となる）
- シェア35％以下＋HHI2500以下

表3　公正取引委員会の基本的な考え方

3時間目　数学①：2乗の計算で現状を理解する

順位	会社名	市場シェア
1	JX	約35%
2	東燃ゼネラル	約15%
3	昭和シェル	約15%
4	出光	約15%
5	D社	約10%
6	E社	0－5%
	その他	0－5%
合　計		100%

表4　平成26年度におけるガソリン元売り業の市場シェア
（公正取引委員会資料をもとに筆者作成）

に，HHIの値が最大になる設定で計算をすると，合併前のHHIは2050，JXと東燃の合併によりHHIは3100となり，HHIの増分は1050となるため，この案件は審査の対象となります。

　実際にはJXと東燃ゼネラルの合併は認められましたので，HHIだけが企業合併を左右する要素となるわけではありません。ただ，HHIでの基準を超えるような合併を検討する場合には，合併による戦略的な意図や合理性を主張するだけでなく，実質的な競争を制限することを解消する手立てを講じる必要が生じるのです。

2．「散らばり」を数値化する

　前項では，数値を2乗するという簡単な計算だけで，ビジネスの現状を把握できる例を学びました。今度は，2乗の計算を使って，データの散らばり具合を数値化することを考えてみることにします。
　いま，ある隣接した土地に，P社とQ社がそれぞれマンションを建設しています。チラシを見ると，価格帯はどちらも平均4000万円です。しかし，一戸ごとの販売金額を調べてみると，両社の価格設定には大きな差があるこ

2.「散らばり」を数値化する

```
P社（全5戸） 価格 3800, 3900, 4000, 4100, 4200
Q社（全5戸） 価格 2500, 2500, 3000, 4000, 8000
```

表5　P社，Q社の販売価格（単位：万円）

とがわかりました。（表5）

このように平均値が同じであっても，データの状況はまったく異なるということはよくあることです。そこで，データの特徴を表すのに，平均値に加え，データがどのくらい散らばっているのかを表す数値を用いることがあります。

散らばりの程度を表す数値はいくつかありますが，ここでは分散を取り上げます。

データの散らばりを計算するために，まず，各データが平均値とどれほど離れているかを求めます。これを偏差といいます。P社とQ社の価格について，偏差を求めたものが表6です。

各データの偏差の値を比べると，明らかにQ社のほうがP社に比べて，平均値よりも離れた値になっていますが，偏差を加えてしまうとどちらも値は0となってしまい，データ同士を比較する値にはなりません。

そこで，偏差の絶対値を考えます。絶対値をとりますので，値は負の数にはなりません。この値を加えデータ数で割ったものを平均偏差といいます。

P社	偏差	偏差の絶対値	Q社	偏差	偏差の絶対値
3800	-200	200	2500	-1500	1500
3900	-100	100	2500	-1500	1500
4000	0	0	3000	-1000	1000
4100	100	100	4000	0	0
4200	200	200	8000	4000	4000
合計	0	600	合計	0	8000

表6　P社，Q社の販売価格の偏差と偏差の絶対値（単位：万円）

3時間目　数学①：2乗の計算で現状を理解する

　P社の絶対値の偏差の合計は600，Q社は8000（単位はいずれも万円）ですから，それぞれの平均偏差は120，1600（単位はいずれも万円）となります。平均偏差の値の大きいQ社のデータは，散らばり具合が大きいと考えられます。

　データの散らばり具合は，平均偏差の値を用いても比較することは可能ですが，絶対値が含まれているために，実際にはとても使いにくい計算方法です。さらに文字式で計算する時には，いちいち場合分けをしなければなりません。そこで，正の数を必ず扱えるようにするために，値を2乗するという方法をとることにします。この値を合計し，データ数で割ったものを分散といいます。表7によれば，偏差の2乗の値の合計はP社が100000，Q社が21500000ですので，これらの値をデータ数の5で割った値のP社20000，Q社4300000がそれぞれの分散の値となります。平均偏差と同じく，分散の値の大きい方が，散らばり具合が大きいと考えられます。

　では，試しに次の6個のデータ4，4，5，6，8，9の平均と分散を計算してみることにしましょう。平均は $\frac{1}{6}(4+4+5+6+8+9)=6$ となり，り，分散は，平均が6であることを利用して，$\frac{1}{6}\{(4-6)^2+(4-6)^2+$

P社	偏差	偏差の2乗	Q社	偏差	偏差の2乗
3800	-200	40000	2500	-1500	2250000
3900	-100	10000	2500	-1500	2250000
4000	0	0	3000	-1000	1000000
4100	100	10000	4000	0	0
4200	200	40000	8000	4000	16000000
合計	0	100000	合計	0	21500000

表7　P社，Q社の販売価格の偏差（単位：万円）と偏差の2乗の値

$(5-6)^2 + (6-6)^2 + (8-6)^2 + (9-6)^2\} = \dfrac{11}{3}$ となります。

いま5個のデータ x_1, x_2, x_3, x_4, x_5 の平均を $\bar{x}$, 分散をVとすると, Vは偏差の2乗の和の平均ですから, 次の式が成り立ちます。

$$V = \dfrac{1}{5}\{(x_1 - \bar{x})^2 + (x_2 - \bar{x})^2 + (x_3 - \bar{x})^2 + (x_4 - \bar{x})^2 + (x_5 - \bar{x})^2\}$$

データが5個ですから, 式の中で ( )² の部分が5個になっています。5個くらいなら何とか書くことができますが, これが10個, そしてさらにもっと多くなると, いちいち書いているわけにはいきません。

数学ではこうした和の計算をまとめて表すときに, Σ (シグマ) という記号を使います。この記号を用いると, 上の式は次のように表すことができます。

$$V = \dfrac{1}{5} \sum_{k=1}^{5} (x_k - \bar{x})^2$$

記号Σは2018年現在のカリキュラムでは数学Bの数列の項で学ぶ内容です。ところがこの記号Σは, 高校の授業ではあまり定着がよくない分野のひとつです。しかし記号Σはとても便利な記号ですし, ビジネスを学ぶうえでよく出てくるものですので, この機会にしっかり理解できるとよいでしょう。

まずΣの横のカッコ内を見てください。ここに x_k というものがあります。このkのところにはいろいろな値が入ります。

具体的にどのような値が入るかは, Σの下と上で指示されています。Σの下を見ると $k=1$ とありますので, はじめにkには1をあてはめます。次にΣの上を見ると, 5とあります。これはkのところに整数を順々に当てはめて $k=5$ まであてはめよ, という指示です。つまり, x_k のkのところには, $k=1$ から1, 2, 3, 4と代入し $k=5$ まで代入しなさいということを表します。

そして最後に代入したものをすべて足します。

Σの上の数字を変えれば, 例え10個のデータであっても, 100個のデー

3時間目　数学①：2乗の計算で現状を理解する

タであっても，n個のデータであっても，すべてΣを使って簡単に表すことができます。

　記号Σを用いると，分散は次のような形で表すことができます。まずあらためて確認すると，n個のデータに関して，それぞれ偏差の2乗を計算して加え，その合計をnで割ったものが分散です。これを式に表すと次のような形になります。

$$V = \frac{1}{n}\left\{(x_1 - \bar{x})^2 + (x_2 - \bar{x})^2 + (x_3 - \bar{x})^2 + \cdots + (x_n - \bar{x})^2\right\}$$

これを記号Σを用いて表すと，

$$V = \frac{1}{n}\sum_{k=1}^{n}(x_k - \bar{x})^2$$

となります。kのところに1からnまであてはめて加えると，上の式になることがわかるでしょう。

　さて実際に分散を計算するときには，次の方法でもう少し簡単に求めることができます。

$$\frac{1}{n}\sum_{k=1}^{n}(x_k - \bar{x})^2 = \frac{1}{n}\sum_{k=1}^{n}(x_k^2 - 2x_k\bar{x} + \bar{x}^2)$$

$$= \frac{1}{n}\sum_{k=1}^{n}x_k^2 - 2\bar{x}\frac{1}{n}\sum_{k=1}^{n}x_k + \bar{x}^2\frac{1}{n}\sum_{k=1}^{n}1$$

ここで，$\dfrac{1}{n}\sum_{k=1}^{n}x_k = \bar{x}$，$\sum_{k=1}^{n}1 = n$より，

$$与式 = \frac{1}{n}\sum_{k=1}^{n}x_k^2 - 2\bar{x}^2 + \bar{x}^2$$

$$= \frac{1}{n}\sum_{k=1}^{n}x_k^2 - \bar{x}^2$$

つまり，分散$V =$（2乗の平均）$-$（平均の2乗）で求められるのです。

2．「散らばり」を数値化する

　この方法を用いると，先ほど求めた分散の値は次のように求めることができます。

　　平均を $\bar{x}$ とすると，$\bar{x} = \dfrac{1}{6}(4+4+5+6+8+9) = 6$

　よって $\bar{x}^2 = 36$

　　2乗の平均は，$\dfrac{1}{6}(4^2+4^2+5^2+6^2+8^2+9^2) = \dfrac{119}{3}$

　　したがって分散Vは，V＝（2乗の平均）－（平均）^{2}

$$= \dfrac{119}{3} - 36 = \dfrac{11}{3}$$

と求めることができます。

【参考文献】
東京大学教養学部統計学教室（1991）『統計学入門』東京大学出版会。
沼上幹（2015）『一橋MBA戦略ケースブック』東洋経済新報社。

4時間目

英語①
発音から学ぶビジネス英語

　なにかをカッコ良いと感ずることを価値観といいます。英語を学ぶときには，日本語の価値観を捨てなければなりません。日本語をカッコ良く読めたとしても，その同じ読み方で英語を読んでは相手に通じません。日本語としてはカッコ悪く聞こえる発音が，英語では自然で，きれいな発音なのです。ネイティブが喋る英語を聞こえるままに真似して，喋ることで，赤ちゃんが言葉を覚えるように，自然な英語の発音を身につけることができます。ユーチューブ（YouTube）にアップロードされたアップルの創業者・スティーブ・ジョブズの有名なスタンフォード大学卒業式祝辞を例に，英語の発音をまねてみましょう。

> **Keyword:**
> 発音, リスニング, リンキング（リエゾン）, アシミレーション, エリジョン, スティーブ・ジョブズ, 起業家

4時間目　英語①：発音から学ぶビジネス英語

1．きれいな発音を身につけよう

　楽天という会社があります。日本企業ですが，社内公用語を英語と決めて，TOEICで一定以上の点数を取ることを社員に求めています。そのことによって国際化への対応を進め，アメリカ子会社で進めていくビジネスについて，コミュニケーションを活発化させることを目標にしているようです。日本企業の経営にとって英語は不可欠です。

　本章では，きれいな英語の発音を身につける方法をまとめます。きれいな発音を身につけることは，リスニングの能力を高めます。リスニングができれば会話が成立します。高校生のうちにカッコ良く英語を喋ってもらいたいと思います。ある程度若いうちでないとネイティブのような発音を手に入れることが難しいようです。

　はじめて海外に行って英語を喋(しゃべ)ってみた時に，相手が自分の喋っている英語を理解してくれなかった，といった経験をした人はいないでしょうか。勇気を出して，何回か繰り返して喋ってから，ようやく理解してもらえるとホッとするものです。もちろん，相手が何を喋っているのかを聞き取ることは，さらに難しい課題です。中学校，高等学校で英語の筆記試験の成績は良かったはずなのに，きれいな英語が口をついて出てこない，ネイティブの人が喋る英語を聞き取れない，そうした感覚を持っている人は意外と多いはずです。

　音声学（phonetics）という学問分野では，ある言語における発音の特性が科学的に探究されています。その研究成果には，面白い英語学習のヒントがあるように思います。この「時間」の筆者（洞口）は，そうした学問分野については素人ですから，音声学の入門部分を紹介しながら，素人なりに「経験によって」英語の発音を身につける方法をお伝えしたいと思います。

　なぜ英語研究者ではない国際経営学者が英語の発音について書くのか。その理由はたくさんありますが，最大の課題と言えば大学での英語教育にあります。つまり，大学生諸君と英語の文献を読むときに，その発音が気になる

ことが多いのです。発音が良くなれば、リスニングも上達します。会話をすることが楽しくなります。英語で歌を唄っても歌詞の意味を聴き手に届けられます。音を理解するという作業は、両者に共通します。リスニングが良くなれば、英単語を耳から覚えることができ、語彙（vocabulary）を増やすことができます。

　本書の読者である高校生が、きれいな発音を身に着けることで、楽しみながら英語を学習できると思います。海外に留学することは、きれいな発音を身につけるうえで有効です。しかし、日本にいてもきれいな発音を身につけることは可能なのです。少しでも若いうちから、きれいな発音を身につけて欲しいと思います。

2．リンキング，つながる音

　基礎的な英語発音の法則を学んでおきましょう。ここではリンキング（リエゾン），アシミレーション，エリジョンと呼ばれる3つの法則を紹介しましょう。（以下の内容は，Peter Roach, *English Phonetics and Phonology: A Practical Course*, 4th edition, Cambridge University Press, 2009に依拠しています。）

　まず，リンキングの学習に入りましょう。リンキング（linking）というのは，2つの単語がつながって発音されるときの法則のひとつです。フランス語では必ず必要となる音読のルールなので，フランス語を語源とするリエゾン（liaison）という単語があり，外来語として英語に定着していますから，liaisonとlinkingは同じ意味で使われます。練習問題を解きながら，身に着けていきましょう。

第1問　以下の文章を読んで下さい。
Can I have an orange?

答え

「キャナイハヴァノーランジ↑」

↑は語尾を上げて質問をするという意味です。

「きゃん・あい・はぶ・あん・オレンジ」

とは発音しません。

　リンキング（linking）のルールは，単語の最後の子音と，次につながる単語の母音が一体化して発音される，というものです。たとえば，andという単語の最後には子音としてdがあります。そのdの音が残ってYou and I を「ユーエンダイ」と発音するのも，このリンキングのひとつです。

Can I have an orange?

という文章を構成する単語の母音と子音に注目して下さい。

キャ（n ア）イハ（v ア）（n オ）ーレンジ？

となってcanという単語の最後にあるnと次に続くI，haveのvとanのa，anのnとorangeのoとが結びついています。ナイ，バ，アンノーランジという音が出てくる理由を理解することができます。
　n＋I，v＋a，n＋oという音のつながりが生まれていることになります。だから，

「キャナイハヴァノーランジ↑」

と読むのが正しく，普通の英語になるのです。これがみなさんに身につけてもらいたい，きれいな英語の発音です。

第２問　以下の文章を読んで下さい。
He got on a plane.

解説

2．リンキング，つながる音

　He got on a plane.の意味は，「彼は飛行機に乗った」ですが，その発音には，いろいろな可能性があって，

ヒごとんなプレイン（イギリス流）

あるいは

ヒごろんなプレイン（アメリカ西海岸風）

あるいは

ヒがろんなプレイン（アメリカ南部風）

のいずれかの発音をします。上記のカタカナは，ひらがな表記の部分よりも軽く発音するという意味です。

　onとaとが結びつくと，on-naオンナと発音されます。つまり，リンキングが行われます。リンキングするということは，そのルールとして子音であるnが2回発音されていることになりますが，それがネイティブの発音です。もちろん短めに，onaオナと弱く発音される場合もあります。

　got onでは，tとoとがリエゾンのルールで結びついて「と」という発音になります。さらに，tとoとが組み合わさった音は「ろ」とも発音されます。これは，子音のtを発音するときと，lを発音するときとの舌の位置がほぼおなじであるために，舌がはねただけの同じ音で発音されるためです。T（ティー）とL（エル）を発音してみて下さい。口のなかの同じ場所を舌がさわるはずです。TはLに近い発音になる場合が多々あるのです。たとえば，a little（少しだけ）は，「ア・リトル」ないしは「ア・リルル」のようにも発音されます。

　gotはgetの過去形ですが，イギリスではゴット，アメリカではガットに近く発音されます。以上をあわせると，

ヒがろんなプレイン

と発音されることになります。

「ヒがろんなプレイン」と聞こえたときに，He got on a plane.というスペルを頭に思い浮かべることができないとリスニングができていないことになります。

第3問　以下の文章でリンキングをする箇所を見つけて下さい。
I always drink a cup of tea to make myself awake when I take breakfast.

答え
　リンキングのルールは，子音のスペルで終わる単語の後ろに母音が来ると，音がつながって変化する，というものでした。その場所を探すと，

I always drink_a cup_of tea to make myself_awake when_I take breakfast.

となります。「ドリンク・ア」ではなく「ドリンカ」となります。「カップ・オブ」ではなく「カッポv」（カッポブに近いのですが，ブでは母音uが含まれてしまいます），「マイセルフ・アウェイク」ではなく「マイセルファウェイク」と音がつながります。「フェン・アイ」ではなく「フェナイ」となります。

子音終わり＋母音始まり＝リンキング

というルールを覚えておきましょう。

3．アシミレーション，サンキューの理由

　アシミレーション（assimilation，同化ないし類化）とは，単語の末尾が子音，次に続く単語の始まりが子音であるときに音が変化するものです。

子音終わり＋子音始まり＝アシミレーション

3．アシミレーション，サンキューの理由

というルールです。リンキングは，子音終わりに母音が続くことによって起こる音の変化でした。比較しながら覚えて下さい。

第4問　以下の文章を読んで下さい。
Thank you. ／ Did you eat? ／ I met you. ／ I got you.

答え
「サンキュー」／「ディジュイーt↑」（tは舌で止める）／「アイメッチュー」／「アイゴッチュー」

「サンキュー」と言える人は，すでにアシミレーション（assimilation）を身に着けています。Thank you.を「サンク・ユー」と発音せずに，サンキューと発音するのはなぜでしょうか。これは，Thankのkとyouのyが混ざり合ってキュという音に変化するからです。おなじように，Did you eat?では，下線部のdとyがつながって音が変化します。I met you.であれば，tとyがつながります。「アイ・メット・ユー」ではなく，「アイ・メッチュー」です。

このアシミレーションのルールは，無意識のうちに身につけている人が多いように思います。みなさんのなかで，発音できている人も多いでしょう。ネイティブの人と同じように，日本人でも無意識に身に着けている発音のルールです。そうできるのは，「サンキュー」を身近な言葉として良く使うからでしょう。リンキングのルールが理解されていないことに比較すると，日本人にとって，アシミレーションのルールは，なじみやすい音の変化なのかもしれません。ちなみに，I got you.は，友達との間で使う便利な言葉で，「わかったよ」，「僕がやるよ」といった意味で幅広く使われる言い方です。アイゴッチューは，覚えておくと便利です。

4．エリジョン，消える音がある

エリジョン（elision）というのは音の省略を意味します。簡単に言えば，読まなくなる音がある，という意味です。エリジョンのルールがあるために，You and meを発音するときに「ゆぅエンみい」となってdの発音を省略する，という場合もあります。

第5問　以下の文章を読んで下さい。
I met him.

答え
　「あいメッティム」。ただし，ゆっくり喋るときには「あいメットひむ」。
　himのhはよく省略されて発音されます。同様に，I like her.と言うときにも，アィライクアーのようにhを抜いて発音することのほうが多いでしょう。ネイティブ・スピーカーからすれば，アイライクハーとは発音しないほうがふつうなのですから，日本人が聞き取ろうとしても発音していない音を聞き取ることはできません。発音されていないスペルを補って意味を理解することが必要なのです。
　リンキング，アシミレーション，エリジョンという3つのルールから言えることは何でしょうか。それは，英語は，書いたとおりには読んでいないし，発音していない，という事実です。日本語が一音一音の文字を書いて，一音一音を読んでいくことに比較すると，英語では，ざっくりと適当に音を飛ばして，音のつながりがあれば音を変化させて読んでいくのです。つまり，耳に聞こえたとおりに発音しないと上達しないことになります。
　その意味で，英語で歌える唄を2～3曲，暗記しておくことは英語の発音を良くすることにつながるでしょう。英語の唄を歌ってみると，その歌詞は必ずリンキングをし，アシミレーションをし，エリジョンしています。歌詞を英単語で1文字ずつ書いたときとは，ずいぶんと異なる発音になっている

のです。その音のつながりこそが英語なのです。歌詞を日本人風に読んだものは英語ではありません。

5．スティーブ・ジョブズのスピーチ

　リスニングの準備ができました。英語の文章を文字として読むことに比較すると、リスニングをすれば音がつながったり、変化してしまったり、音が消えてしまったりするのです。ただし、そのような音の変化の仕方にはルールがあります。そのルールがリンキング、アシミレーション、エリジョンなのです。

　ここでアメリカを代表する起業家であるスティーブ・ジョブズ（Steve Jobs, 1955～2011）の有名なスピーチを聞いてみましょう[1]。YouTubeで「スティーブ・ジョブズ　スタンフォード」と検索するとすぐに見つけることができるでしょう。そのスピーチは14分ほどのものですが、その半ばである6分から7分前後には、スティーブ・ジョブズがアップル社を創業し、マッキントッシュというパソコンを完成したころの話がでてきます。

We worked hard, and in 10 years Apple <had> grown from just the two of us in a garage into a $2 billion company with over 4,000 employees.
（私たちは一生懸命に働き、10年の後にアップル社は、私たち2人がガレージで働いていた状態から、4000人の従業員を雇い20億ドルの売り上げを誇る会社となりました。）

　上記の文章のアンダーラインを引いた部分がリンキングする部分です。＜　＞カッコ内のhadは、エリジョンのためにほとんど聞こえないことに注意して下さい。

4時間目　英語①：発音から学ぶビジネス英語

We <had> just released our finest creation, the Macintosh, a year earlier, and I <had> just turned 30. And then I got fired.
(私が30歳になる1年前に，私たちはマッキントッシュという最高の製品を発売しました。そして，私は解雇されたのです。)

How can you get fired from a company you started?
(自分が創業した会社からどうやって解雇されるというのでしょうか。)

Well, as Apple grew we hired someone who I thought was very talented to run the company with me.
(つまり，アップル社が成長したので，私たちは会社を経営する優れた才能を持っていると考えた人を雇用したのです。)

And for the first year or so, things went well.
(最初の1年，2年は，うまくいきました。)

But then our visions of the future began to diverge and eventually we had a falling out.
(しかし，将来に対する見方が異なるものとなっていき，やがて私たちは衝突したのです。)

When we did, our Board of Directors sided with him.
(私たちが衝突したとき，取締役会は彼の側についたのです。)

So at 30 I was out. And very publicly out.
(それで私はアップル社を追い出されたのです。まったく公的に追い出されたのです。)

繰り返しますが，以上の文章でアンダーラインを引いたのは，リンキング

5．スティーブ・ジョブズのスピーチ

によって発音されている箇所です。子音で終わる単語の次に母音ではじまる単語がきていれば，子音と母音がつながって発音されます。スティーブ・ジョブズがリンキングをして喋っている箇所を確認して下さい。

また，過去完了形となっているhadは，ほとんど聞こえないことが確認できるでしょう。We　hadやI　hadは，We'dやI'dと省略され，そのdはandのdのように口のなかで舌が動くだけになるからです。

さて，アップル社を追い出されたスティーブ・ジョブズは，その後，どうなったでしょうか。その続きは，みなさん自身でYouTubeを聞いて確認してみて下さい。

スティーブ・ジョブズのように会社を創業した人を起業家と呼び，経営学の重要な研究対象となっています。英語を学ぶことで，幅広く，世界各国の起業家について学んでいくことができ，そして世界中の起業家と会話することができるようになります。楽天の創業者・三木谷浩史が英語でビジネスについて喋っている姿も，YouTubeで見ることができます。日本の経営者も英語でビジネスについて説明しているのです。

美しい発音を身につけて，英語の会話を楽しんで下さい。そこには，やりがいのある仕事が待っているでしょう。

【注】
1) https://www.youtube.com/watch?v=VyzqHFdzBKg&index=15&list=RDmFi4zNJ7AxQ

5時間目

国語①
古典の世界を覗いてみる

　国語と経営学，というと，いったいどこに結び付きがあるのだろうと，疑問に思う人も多いかと思います。確かに，教科書に載っている小説を読んでみても，経営活動をストレートに描いた作品はあまりありませんし，評論文などを見ても，教科書にはそのような「経営」の視点で論じられた文章は滅多に出てきません。ましてや，古典なんて全く関係ない，と感じる人がほとんどでしょう。確かに「国語」という教科は，そのような印象を持たせるものだと感じざるをえません。

　けれども，ちょっと待ってください。一見「経営学」とは無関係と思われる文章・作品も，注意して読んでいくと，実は経営学につながってゆく要素・ヒントがあちらこちらに見つけられそうなのです。ということで，まずは古典の世界を覗いてみることにしましょう。

Keyword:
方丈記，諸行無常，宇治拾遺物語，今昔物語集，世間胸算用（井原西鶴），マクロ（巨視），ミクロ（微視），等価交換，経営倫理，チャンス（機会），普遍性

5時間目 国語①：古典の世界を覗いてみる

1. ゆく河の流れ

　日本古典三大随筆のひとつと言われる鴨長明『方丈記』は次のように書き起こされています。

　　ゆく河の流れは絶えずして，しかも，もとの水にあらず。よどみに浮かぶうたかたは，かつ消え，かつ結びて，久しくとどまりたるためしなし。世の中にある人とすみかと，またかくのごとし。
　　（川の流れは常に途絶えることはなく，しかも，もとの水のままにとどまることもない。流れがよどんでいる場所に浮かぶ泡は，消えたり，また，つながりあったりして，永くとどまっていることはない。世の中に存在する人や住居も，また，そのようなものである。）

　　たましきの都のうちに，棟を並べ，甍を争へる，高き，いやしき人の住まひは，世々を経て尽きせぬものなれど，これをまことかと尋ぬれば，昔ありし家はまれなり。あるいは去年焼けて今年作れり。あるいは大家滅びて小家となる。住む人もこれに同じ。所も変はらず，人も多かれど，いにしへ見し人は，二，三十人が中に，わづかに一人二人なり。朝に死に，夕べに生まるるならひ，ただ水の泡にぞ似たりける。
　　（宝石を敷いたような都のなかに，棟を並べ，屋根の瓦の高さを競っている身分の高い人の住居や身分の低い人の住居は，何世代もの人々の歴史を経ても無くならないものであるけれど，本当にそうか，と尋ねてみると，昔から続いて残っている家は，ごく稀にしかない。去年火事にあって今年立て直した家。あるいは，大きな家に住む一族が滅びて別の小さな家が建てられたりしている。そこに住む人もこれと同じことだ。同じ場所に住み，人もたくさんいるとは言え，昔から知っている人は，二，三十人のうち，わずかに一人か二人にすぎない。人々が朝，亡くなったり，夕べに生まれたりということは，まるで川の水のなかの泡に似ているといえるの

だ。）

　こうした感覚の基底にあるものは，『平家物語』冒頭の「祇園精舎」の段と同様，「諸行無常」を根本理念とする仏教的世界観と言ってよいでしょう。これは当時の人々の心の中に染みこんだ人生観と言ってもよいものです。しかし，そこをゴールと考えては，鴨長明を見誤ることになりそうです。実は，「諸行無常」のさらにその奥に，「普遍的真理」を見抜く長明の「眼」の存在を考えないわけにはいかないからです。

　『方丈記』冒頭のこの文章は，単純化して言えば，この世界を構成している２つのものの絡み合いを，そのありようを提示しているのです。ひとつは「河」や「都」というマクロな（巨視的）システム。もうひとつは，そのシステムを根っこで支えている「水（うたかた）」や「家・人」というミクロな（微視的）個の動き。マクロとは世界全体をひとつのものとして理解する考え方のことであり，ミクロとは，そのマクロを構成する個々の要素と言ってよいでしょう。これら２つのものの補完的な相互作用を忘れて「世の中」という宇宙を，機能的な存在として捉え，理解することはできないでしょう。

　普段私たちが意識しているのは「ミクロな個の動き」と言ってよいでしょう。日々の生活の中に我々の存在意義があるとすれば，それは至極当然のことなのですが，心にとめておくべきことは，その時，私たちがいかにその総体としての「マクロなシステム」に思いを及ぼしていないかということです。もちろん，時に「マクロなシステム」に思いを及ぼすことはあるかもしれません。しかしそのような時，今度はたいてい「ミクロな個の動き」のことは忘れてしまっているものです。

　ひとつのことがらを，マクロとミクロ，２つの視点で同時に見てゆく。それこそ「言うは易く行うは難し」。口で言うのは簡単だが，実践するのは難しい。しかし，だからこそ，「ミクロ」と「マクロ」との相互作用に，常に思いを致す思考回路を自分の中に構築しておくことは，是非とも必要なことだと言えるでしょう（213～214ページ参照）。

5時間目　国語①：古典の世界を覗いてみる

2．「わらしべ長者」と「信濃守藤原陳忠（しなののかみふじわらののぶただ）」

(1) わらしべ長者

　鎌倉時代初期に成立したと見られる説話集『宇治拾遺物語（うじしゅういものがたり）』の中に「長谷寺参籠（さんろう）の男，利生（りしょう）に預かる事」という話が載せられています。これは，いわゆる「わらしべ長者」として知られるおとぎ話の出典となっている説話です。テレビのバラエティー番組でも，モノとモノを交換しながら，そのモノがより高価な商品に交換されていく様を中継していく番組がありました。

　この「わらしべ長者」の話が何を意味するかを簡単に解説するならば，舞台となった長谷観音（はせかんのん）にどれだけのご利益（りやく）があるか，ということを伝える話，つまり，利生譚（りしょうたん）と呼ばれる話ということになります。こうした話は，日々の生活に追われる貧しい人々のサクセスストーリーとして人口に膾炙（かいしゃ）したものでしょう。その「サクセス」の過程は周知のとおりなので，あえて説明するまでもないことでしょうが，この話を単なる観音の利生によるサクセスストーリーと見るだけでは不十分だと思われます。

　そこでは先ず，観音がある男の夢に登場します。観音はその夢のお告げで，「寺を出て最初に手にしたものをずっと持っていろ」と言います。もしも男がその「お告げ」を堅く守りとおしていたなら，サクセスストーリーは実現しなかったというところがこの話のミソでしょう。なぜなら，観音のお告げを厳密に守り通していたなら，「わらしべ」は他のものと交換されることは絶対になかったわけですし，しかも，「わらしべ」は結局は「わらしべ」でしかないからです。

　しかし，善意によるものか否かは別にして，男は最初の「わらしべ」を出発点として，等価以上の物との交換を繰り返すことによって「長者」に成り上がってゆきます。

　布と馬とを交換する場面では，男はそれまでの交換過程を振り返り，

　　此の馬，わが馬にならんとて死ぬるにこそあんめれ。藁（わら）一筋が柑子（かうじ）三つ

になりぬ。柑子三つが布三匹になりたり。此の布の，馬になるべきなめり

　（この馬は，自分の馬になろうとして死ぬ運命にあるのかもしれない。藁１本がミカン３つになり，そのミカン３つが布三匹（数十メートル）になったのだから，この布も馬と交換する運命にあるのかもしれない）

と考えます。この男の思考のなかにある論理そのものは説話的な枠組みの内にとどまるものでしかありません。しかし，生起する事象の因果（何が，どのような過程を経て，どのような結果をもたらすのか・もたらしたのか）を読み取り，その理解の上に行動を展開するというところに，「サクセス」の基盤があることは確かです。

　つまり，機を見て「適正」に行動することができるか否か。そこに物事の成否がかかっており，適正に行動できた者だけが，目の前に提示された「利益」を獲得することができるのだということを，庶民的な視点から提示する説話であると言うことができるでしょう。

＊藤井厚志氏に「『わらしべ長者』の経済学」という論考があり，一部の「国語総合」教科書にも採録されています。国語の授業で学習したという人もいるかも知れません。本稿とは若干観点が異なりますが，興味関心のある方は一読してみてはいかがでしょうか。

(2) 信濃守藤原陳忠

　また，『今昔物語集』には次のような話が載せられています（「信濃守陳忠，御坂より落ち入りたること」）。

　信濃守陳忠（のぶただ）が，任国から都へ帰る途中，底も知れないような谷底に馬もろともに落ちてしまいました。従者たちが，主人は助かるはずもないと思っていると，底の方から信濃守の呼ぶ声がします。主人を助けるために従者たちは主人の指示に従って長い綱を底へと下ろしていきますが，最初の指示に従って綱を引き上げると，上がってきたのは平茸（ひらたけ）という茸（きのこ）の山。続いて主人の信濃守も引き上げられ，命を助かるのですが，助けられた守は，まだ下には平茸がたくさんあるのに，損をしてしまった気分だなどと言います。

　「受領（ずりやう）は倒るる所に土をつかめ」（転んでもただでは起きない）とは，よく

知られた言い回しですが，これを単に私利私欲の現れと見るだけでは不十分なように思われます。読者である私たちは守が助かったことを知っているのでそのように感じますが，守にしてみれば，自分が置かれているのはまさに生死の境であって，私利私欲云々（うんぬん）以前の問題として，このような窮地においても，自らに与えられた機会（利益を得るチャンス）を見逃さなかったという点に守（受領）の冷静さ・したたかさを読み取るべきでしょう。

誰でもこのような状況に陥ったら，身の安全・救命に心は走ってしまうものです。ところが信濃守はそのような状況にあっても利益の機会を見逃さず，冷静・適切に部下に指示を与え，利益（平茸）を手に入れるのです。チャンスは，いつ，どのようなときにやってくるか分からない。けれども，心の準備ができていないところにいくらチャンスがやってきたとしても，たいていは見逃してしまう。危機に遭遇（そうぐう）したときに，ただ慌てふためくのではなく，状況を冷静に見，分析し，適切に判断をする。その判断の先に「利益」があるのだということを，この説話は示しているのだと言えるでしょう。

3．「蛸（たこ）売りの八助（はちすけ）」（西鶴『世間胸算用（せけんむねさんよう）』）

　江戸時代ともなると，人々の商業・経済活動そのものが文学の素材として取り上げられるようになってきます。井原西鶴の『世間胸算用』という作品集は，その代表的なものでしょう。その中のひとつ。
　奈良に蛸（たこ）を専門に売る魚屋がいました。「蛸売りの八助」というのがその魚屋ですが，身過（みす）ぎ世過（よす）ぎ（日々の生活）も苦しく，「一人ある母親の頼まれて，火桶（ひおけ）買うて来るにも，はや間銭取りてただは通さず」（母親に頼まれた使いでさえも，手数料を取る）というほどの強欲な男でした。その八助は蛸を売る際に，誰も気付かないのをよいことに，足を1本切り取って7本足の蛸を売りつけ，切り取った足を煮売り屋に売りつけていました。そしてさらには，足を2本切り取った6本足の蛸を売るようになったのです。ある時，その事を隠居の親父に見破られ，その隠居に「大晦日に碁を打ってゐる

所では売らぬ」などと悪態をついて八助はその場を立ち去るのですが、6本足の評判が広まり、「足切り八助」と呼ばれるようになり、商売が成り立たず、暮らしが行き詰まってしまったというのがこの物語の概要です。

　この話では、八助の「人間性」と因果応報・天罰覿面(てんばつてきめん)といった道理が物語の主役の座に位置しています。それは、作品が幅広い、より多くの読者層に受け入れられなければならない、そのためにはその時代の読者たちの共感をいろいろな形で勝ち取らなければならないという、物語・小説という文学ジャンルの性格上、ある程度当然のこととも言えます。作者の意図は、「正直に（堅実に）利潤を追求していれば、このような結末には至らなかったであろうに」という批判・評価にあり、それは現代の私たちから見れば何の変哲もない、新し味のない倫理観と言ってもよいものなのですが、当時としては、商業活動や経済活動におけるあるべき姿としての経営倫理（ビジネス・エシックス、business ethics）というものも、そこでは素朴な形で含みこみつつ、笑い（冷笑？）という形ででではありますが、拡大の一途にある商業活動が文学という姿（形式）を借りて表現されているのだとも言えるでしょう。

　確かにこの話はセコい男の話には違いありません。しかし、そこには、限られた資源によって、何とかして最大の利潤を追求・獲得しようとする商業活動のありよう・本質が、簡潔明瞭に述べられているとみることもできるでしょう。江戸時代という、商業・経済活動が爆発的に増大する時代の空気が、その負の側面をも皮肉・笑いという形で取り込みながら、このような作品を当然のように成り立たせる基盤となり、そこに新たな文学の世界が拓(ひら)かれたのだというべきです。

4．古典には時代の生活感が溢れている

　以上、いくつかの古典作品を見てきましたが、その内容をまとめて言うならば、一見（イメージ的には）商業・経済活動とは無縁と思われるような古典文学も、実はそういった活動と決して無縁ではない、ということが理解で

きるでしょう。古典と経営とが無縁だというイメージが定着しているとしたら，それは，古典の授業がそのような（商業・経営）活動を作品読解のターゲットにしていない場合がほとんどであるというところに起因するものだと言えます。実際，「古典」の授業は経営とか商業活動についての歴史的な理解を深めさせることを目的にはしていません。目指しているのは，日本語についての国語学的な理解の深化と，昔から現在まで，私たちの心・生活の底に脈々と波打ち，続いている日本的人間観・人生観を作品の理解を通じて習得・獲得してゆくという点にあると言えます。

　しかし実際には，古典と「経営」的なものの見方・考え方は，これまで見てきたように，全くの別物ではなく，深い根っこの所では有機的に繋がっているものなのです。

　先立つもの（お金・資産）がなければ生活してゆけない。それはいつの時代にも共通する「真理」です。その「真理」は上に見た作品だけでなく，他の多くの古典作品にもきっと何らかの形で影響を与えているはずです。国語の古典で描かれている経済の仕組みや世の中の仕組みが現代とは違う，と言って目をつぶってしまったら，切り捨ててしまったら，そこから見えてくるはずのものをみすみす見逃してしまうことになります。むしろ，現代と過去とが違うからこそ，その違いを超えて表現・表出されてくる普遍性をより先鋭的に，鋭く読み取ることができるのだと言えるでしょう。

　「古典」であっても，人の生活・活動するところ，「経営」は多様な形でそこに展開されているのです。そのような観点も含め，「古典」の旅を楽しみましょう。

2日目コラム 「イノベーション」とトランジスタ・ラジオ

　皆さんは学校の授業で,「イノベーション (innovation)」について勉強したことがあると思います。高校の教科書ではイノベーションという単語に「技術革新」という訳語をあてていますが,実はイノベーションを最初に理論化した経済学者のシュンペーター (Joseph Alois Schumpeter, 1883～1950) は,イノベーションとは生産に必要な物や力を従来とは違った形で結合させること,すなわち「新結合 (new combination)」であると説明しています。

　そして,シュンペーターは新結合には,新しい商品や商品の品質の開発,新しい生産方法や流通方法の開発,新しい市場の創出,新しい原材料や部品の開発,新しい組織の実現の,5つの場合があると述べ,イノベーションこそが経済を発展させる原動力であると主張しています。例えば,馬車をいくら改良しても馬車は馬車でしかなく,蒸気機関を馬に置き換えて車両と新結合させたときに,はじめて鉄道が生まれ,社会の輸送力が飛躍的に高まっていった,という具合です。

　技術革新というと,天才科学者が大発明をしたり,ものすごいスピードで科学技術が発達したりという点ばかりに目をとらわれてしまいがちですが,シュンペーターはイノベーションの意味を,もっと広く考えていたわけです。そして,シュンペーター以降,今日に至るまで,多くの経済学者や経営学者が,さまざまな角度からイノベーションについて論じていますが,その考え方の基礎にあるのは,ここで紹介したシュンペーターの理論なのです。

　話は変わって,1955年に東京通信工業（東通工）という会社が,世界最初の電池式トランジスタ・ラジオを開発し,57年にはシャツの胸ポケットに収まるくらいにまで,製品を小型化させることに成功しました。そして,東通工は早い時期からアメリカでトランジスタ・ラジオを販売することを考えていました。トランジスタは現在の半導体技術の基礎となった小型の電子部品です。

　当時のラジオは真空管という部品を使った大型のもので,稼働にはコンセントからの高圧の電流が必要であったため,家具のように室内に置かれていました。また,自然の音に近い高音質が求められていました。しかし,東通工のトランジスタ・ラジオは,電池で稼働可能な低電力消費や高耐久性,携帯性,低価格といった点では評価されましたが,音質は雑音交じりで,アメリカでの評判は必ずしも良いものではありません。そのため,東通工の製品を扱ってくれたのは一流の販

売店ではなく，新興のチェーン店やディスカウントストアでした。

　ところが，そこに若者というトランジスタ・ラジオに興味を持つ，新しい消費者が登場します。親のすねかじりで，あまりお金を持っていなかった若者は，音質が悪くても気にせず，値段が安く，小型で持ち運ぶことができるトランジスタ・ラジオに飛びつき，親の目を盗みながら，流行し始めていたロックンロール・ミュージックを楽しむことに夢中になったのです。

　その後，トランジスタに始まる半導体技術は目を見張るスピードで発達し，半導体や半導体部品を使った製品の性能も大きく向上し，やがて，真空管ラジオと，そのメーカーは市場から去っていきます。東通工はトランジスタという新しい部品を得て，持ち歩くというラジオの新しい品質を作り出し，チェーン店やディスカウントストアという流通ルートを開拓し，若者という新しい市場を作り出すという，多くの「新結合」を実現したとも言えそうです。そして，トランジスタ・ラジオの登場は，一人ひとりがパーソナルな携帯端末を持って，情報を得たり音楽を楽しんだりするという，今日に繋がるライフスタイル形成の先駆けともなりました。

　ちなみに東通工は社名をSONYに変更し，グローバル企業に成長して現在に至っています。

　イノベーションについては，大学では「イノベーション論」や「イノベーション・マネジメント」といった科目で勉強することができます。

【参考文献】
伊藤光晴・根井雅弘（1993）『シュンペーター —孤高の経済学者—』岩波書店。
クリステンセン／伊豆原弓訳（2001）『イノベーションのジレンマ　増補改訂版』翔泳社。
クリステンセン・レイナー／櫻井祐子訳（2003）『イノベーションへの解　利益ある成長に向けて』翔泳社。
小池祐二（2018）「音楽関連産業に見るイノベーションがもたらす諸変化とその意味　—ピアノ音楽，ライフスタイル，ビジネスモデル—」『研究と評論』No. 83，法政大学第二中・高等学校。
近能善範・高井文子（2010）『コア・テキスト　イノベーション・マネジメント』新世社。
シュンペーター／塩野谷・中山・東畑訳（1977）『経済発展の理論（第2版）』岩波書店。
盛田昭夫他（1987）『MADE IN JAPAN　わが体験的国際戦略』朝日新聞社。

3日目
高校の教科からみた経営学
[Part 2]

1時間目

地理①

まちづくりと経営学

　地理の教科書は，地域把握のために必要な技術や変化する世界の情勢を整理し，様々な最新情報を提供してくれます。教科書を開いて，その内容を経営学の観点からより深く掘り下げてみましょう。この「時間」では「まちづくり」に焦点を当て，地域の商店街が，どのように課題解決を進めているか，ファシリテーションやSWOT分析，KJ法などの手法を交えながら紹介します。

Keyword:
商店街，ドーナツ化現象，バブル経済，まちづくり，ファシリテーション，ファシリテーター，ワークショップ，主題図，SWOT分析，KJ法，新庄市，斎藤一成，100円商店街，プロモーション，高松丸亀商店街，西郷真理子，住民

1時間目　地理①：まちづくりと経営学

1．地域の現状を分析する方法

　地理の教科書には様々な地域について紹介しており，その中には，地域の抱える課題について扱ったページがあります。例えば近年，駅前の商店街などの旧商業圏が衰退し，郊外型店舗が増加して中心街が寂れていく状況が問題になっています。これは多くの中小都市で見られる現象であり，もしかしたら皆さんも実際に自分の目で見て実感することがあるかもしれません。

　地理においてはこれを「ドーナツ化現象」と説明することがありますが，この言葉はまず高度経済成長のときに積極的に使われるようになり，やがて少し違った様相についても説明するようになりました。高度経済成長の時期は，ドーナツ化現象の原因は中心街の地価高騰にあり，多くの人が中心街に住宅を購入できないため郊外に移り住み，顧客を失った商店街が衰退する，と説明されました。

　1990年以降はバブル経済の崩壊により地価は下落し，グローバル化や自動車の普及，労働環境の変化によって小売店舗の形態が変化する中で，別の形でドーナツ化現象が起こるようになりました。世界規模で展開する大規模な小売店舗が日本にも進出し，日本政府も設置を認可する方向に転換しました。日本企業も欧米型の店舗展開を積極的に行い，広くて使いやすい駐車場が完備された郊外の大型店舗に，人気が集まるようになりました。また共働き世帯の増加により，毎日近くの小売店で必要なものを買うよりも，休日に自動車を使って大量に買い込むことを求める世帯が増えてきたことも指摘されています。そして何より，大規模な小売店舗は大量に仕入れて大量に売りさばくため商品の値段を下げることができ，家族経営の小規模な小売店では，価格競争で太刀打ちできませんでした。

　この変化に対し，地域の商店街はなすすべもないのでしょうか。近年では新しい動きが出てきています。地価の下落とともに住宅の都心回帰が起こり始め，交通の便利な鉄道駅近くに住み，自動車を持たないという選択をする人も出てきました。また郊外型店舗の画一的な雰囲気を嫌い，人情あふれる

商店街に価値を見出す人も多くなっています。地方都市の中心街を形成する商店街では古くからの店舗があり，その雰囲気を活かしながらリニューアルすることも各地で行われています。歴史の積み重ねが生み出す街の品格は，郊外型店舗がどんなに頑張ってもつくり出すことはできないものです。これらの状況をうまく利用していけば，まだまだ活路はありそうです。商店街の人たちが協同して活性化を目指す「まちづくり」が各地で行われるようになり，ここには経営学における経営戦略と組織作りのノウハウが活かされています。

まちづくりには，様々な取り組むべき課題があります。これらの課題に関わる全ての人たちが課題を把握し，新しい方向に向くための議論を進めていかなければなりません。しかし，その地域に住む人々の年齢層やそれぞれの生活環境は大きく異なり，課題に対する受け止め方も様々です。この状況のなかで，議論を進め一定の合意を得るのは容易ではありません。その困難さの中で議論の進行役を務めるのが「ファシリテーター」と呼ばれる人たちです。彼らは「ファシリテーション（facilitation）」を行うため，そう呼ばれています。

ファシリテーションとは簡易化という意味ですが，この場合は会議やプロジェクトの進行や合意形成を行うために，問題点の整理や司会進行を行うことを指します。ファシリテーターは行政が務めることが多いのですが，大学などの研究機関，そしてときには専門のコンサルタントが関わることもあります。

ファシリテーターがまちづくりを進行するにあたり，住民たちが生活する環境の現状分析と合意形成を進めていく作業を，「ワークショップ」と呼んでいます。ワークショップではしばしば，議論の対象となる場所の地図を製作します。これは地理でいう「主題図」で，様々な地域の降水量や農業生産量などを地図上に表記し，ある特定のデータを地域ごとに比較しやすいようにまとめた地図のことです。皆さんの中にも地理の授業で地図の技法を学ぶとともに，自分の住む地域の様々な課題を書き込んだ主題図作りを経験した人もいるのではないでしょうか。

主題図を作ると，その地域の課題が一目瞭然になります。例えばまちづくりの対象地域の地図に，営業中の店舗と廃業した店舗を記していくことで，駅前の多くの店舗がシャッターを下ろしている，いわゆるシャッター街になっていることが分かります。さらに駐車場の位置を記せば，中心街が自動車での買い物に十分対応していないこと，また歴史ある建物の位置を記せば，中心街の雰囲気が伝わってきます。この地図はファシリテーターが作るのではありません。まちづくりに関わる人々が顔を寄せ合い，ああでもないこうでもないと意見を交わしながら地図を作ることで，その地域の状況が洗い出されます。

写真1は，国際経営を学ぶ大学生が，「外国人観光客を増加させるために商店街が何をするべきか」，というテーマを論ずるために作成した主題図です。おなじ「温泉まんじゅう」が異なるお土産屋さんで販売されており，お店が駅から遠くなるほど安い価格で販売されていたことが観察されていました。

さて主題図の作成により，様々な地域の状況が見えてきましたが，次は，それらの状況を整理して共有し，街の進むべき方向を考えなければなりません。そのときよく使われるのが，「SWOT分析」です。SWOT分析はマーケティングの現場でよく行われており，ある活動における様々な要因を「強み（strength）」「弱み（weakness）」「外部環境の機会（opportunity）」「脅威（threat）」に分類するもので，それぞれの頭文字を取ってSWOT分析と呼んでいますが，近年では個人や組織が現状を把握し，取るべき方向性を定める指針として，広く利用されています。SWOT分析を中心街活性化に当てはめてみると，例えば「強み」は鉄道の駅から近く古くからの顧客がいること，「弱み」は自動車での買い物に対応できず価格でも不利なこと，「外部環境の機会」は都心回帰，「脅威」はグローバル化によるさらなる規制緩和となる，といった具合です。

こうして整理された4つの要素を元に，「強み」と「外部環境の機会」を利用して魅力的なまちづくりを進め，「弱み」と「脅威」をいかに回避するか，ということが，街の取るべき戦略となります。しかし，ことはそう簡単

1. 地域の現状を分析する方法

ではありません。SWOT分析は具体的な行動を提案するものではなく，具体的にどんな行動をするのかは，まちづくりに関わる人たちがアイデアを絞り出し，試行錯誤をしていかなければなりません。それには様々な背景を抱える人たちが街の状況を「共有」しなければ，統一感のないバラバラのアイデアがならび，具体的な行動に結びつくことはないでしょう。SWOT分析はあくまで共有をするための手段であり，4つの要素をファシリテーターが提示するのではなく，まちづくりに関わる人がワークショップの中で共に状

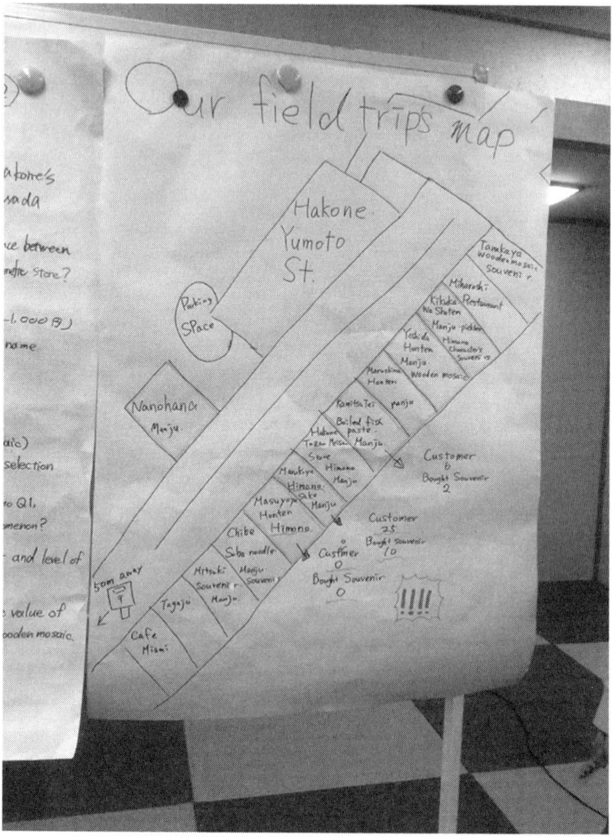

写真1　箱根湯本商店街の店舗配置を記録した主題図の例
（2016年12月26日，法政大学洞口治夫ゼミナール提供）

1時間目　地理①：まちづくりと経営学

況を整理し共有していく過程が，なによりも大切なのです。

　ワークショップでは，「KJ法」という手法もよく使われます。これは文化人類学者の川喜多二郎氏が考案した方法で，KJとは川喜多二郎の頭文字を取ったものです。参加者はテーマに基づく意見やアイデアをカードに記入し，それを一枚の紙やホワイトボードなどに貼りつけます。そしてそれぞれのカードの内容を確認しながら，関連性のある内容の書かれたカードを移動させてグループを作ったり，またはグループとグループの間を線で結び，その関係がどうなっているかを書き込んで説明する作業を行います。写真2は京都の景観保護について，KJ法を用いて討論を行った例です。こうすることで，参加者それぞれの意見を対比し，また一致する点が明確になり，状況を共有することに繋がります。しかし，KJ法もまた，具体的な行動は提示しません。参加者の情報共有を目指すための手段と言えるでしょう。

　地理では主題図の作成など，その地域の特徴を把握するためのノウハウがたくさんあります。そして，その特徴を多くの人が共有し具体的な活動に結びつけていく作業は，経営学が得意とするところです。ファシリテーターは

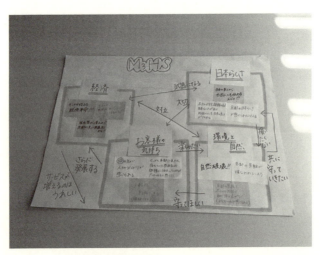

写真2　京都の景観保護について，KJ法を用い討論を行った例
（2015年9月10日，筆者撮影）

様々な共有のためのワークショップを実施し，関わる全ての人たちが団結してまちづくりに関わる環境を整えており，その活動に経営学は多くのノウハウを提供しています。このあとは，具体的なまちづくりの事例を見てみましょう。

2．まちづくりの事例

(1) 100円商店街の取り組み

　郊外の大規模小売店舗が次々と建設される中で，中心街の商店街は苦境に立たされました。しかし，少子高齢化が進む中で，高齢者の生活領域に密接した商店街は，高齢者の生活を支えています。高齢者は自動車を運転できない場合が多く，郊外店舗での買い物は難しい状況にあります。また行政にとっても，生活圏が郊外へ拡大していくと，それに伴う道路や上下水道の整備，積雪地域では冬季の除雪など，インフラの維持に莫大な費用がかかってしまいます。無秩序に街を拡大させていくのではなくコンパクトにまとめていくために，商店街は中心的な役割を果たします。そこで商店街の活性化は，まちづくりの課題として多くの地域で取り組まれました。以下では，2つの事例を紹介しましょう。

　山形県新庄市は鉄道の拠点として発展し，駅前の商店街は賑わっていました。しかしやがては他の地域と同様，郊外に大型店舗が進出し，商店街のお客が減り始めました。その状況に対し，かねてより駅前商店街の活性化策を模索していた新庄市役所職員の斎藤一成氏は，店の在庫を店頭にならべて，100円で売ってみてはどうだろう，と思いつき，ともに活動に取り組んでいた店主たちに提案しました。当然これでは大赤字ですが，在庫は店においている限りはいつまでも在庫のままです。いっそのこと各店舗が一斉に100円で売り出す日を決めることで，多くのお客を呼び込むことを考えたのです。この取り組みは多くの商店が反対しましたが，斎藤氏とその仲間は丁寧に説得して回り，「100円商店街」を実現しました。このイベントは大成功し，閑散としていた商店街は沢山の人で賑わいました。そして驚くこと

に，100円で売ることの赤字分を補うほどの売り上げがありました。100円商店街誕生の経緯は，斎藤氏が『100円商店街の魔法』という書籍にまとめていますので，ぜひ読んでみてください。

　これまで商店街が衰退する中で，そもそも住民の中に商店街で買い物をしたことがない人が増えていました。また商店街の店舗は多くが個人経営であり，小さく区切られた店舗の構造は，入店したら何か買わなければならないような雰囲気があり，これも商店街が敬遠される要因のひとつでした。しかし100円の商品を並べることで，お客は気軽に商品を手に取り，堂々とお店の中に入ることになります。その結果，店舗の中にある他の商品を見る機会ができ，ついでにそれらの商品を購入した結果，売り上げがのびたのです。

　100円商店街について，マーケティングの観点から考えてみましょう。まず100円で商品を並べることによって，これまで商店街に行ったことがない人が商店街を訪れるきっかけとなります。この消費者に対して働きかける活動をマーケティングにおいては「プロモーション」と呼んでおり，そこには一定の費用がかかります。100円で商品を売ることによる赤字は，プロモーション活動に対する費用である，と考えれば，多くの商店主にとっても納得がいくでしょう。またお客が何となく店舗に入りにくいと感じている，つまり店舗に対して緊張を感じている状況に対して，100円の商品を買うという理由をつくることは，緊張を消滅させ，安心して買い物をする心理に誘導することにつながります。斎藤氏は商店街にかつての賑わいを取り戻すために，商店主たちと悩みながらこの手法をつくり出していきましたが，経営学の観点からも理にかなった戦略であるといえるでしょう。

　斎藤氏たちの進めた100円商店街のノウハウは，NPO法人によって全国の商店街で共有され，各地で商店街活性化の切り札となっています（写真3参照）。そしていくつかの商店街では，その開催日を偶数月の15日と定めています。それはこの日が，年金の支給日だからです。限られた年金収入で生活する年金生活者は，日々の買い物も節約する傾向にあります。まとまったお金が手に入る年金支給日ぐらいは，買い物を楽しみたいものです。

2．まちづくりの事例

写真3　福井県敦賀市行われている100円商店街の様子
（2016年9月17日，筆者撮影）

この日に合わせて商店街が100円という格安の商品を準備し，年金生活者に気軽に買い物をする楽しみを提供することで，年金生活者は楽しそうに店舗を回遊し，商店街に賑わいをつくり出します。この賑わいこそが商店街の求めるものであり，この関係を築くことができるのが商店街の「強み」といえるでしょう。

(2) 高松丸亀商店街

香川県高松市の高松丸亀商店街は，高松市の中心街にある商店街です。四国の玄関口として賑わう高松市の中心街にある商店街ということで，他の商店街と比べて比較的賑わいが維持されている商店街でした。しかしバブル経済の頃，地価の高騰により人口の流出が進むと，少しずつ様相が変わってきます。顧客が減少する一方，地価の高騰により賃料が高く設定できるようになると，商店主は商売をやめ，店舗を貸し出すようになりました。そこに入居するのは，銀行や高付加価値の衣料品販売店などが多く，生活の場としての商店街の機能が失われていきました。そしてバブル経済が崩壊して銀行や衣料品店は撤退し，再び自分で商売を始めようにも，郊外の大型店舗に対抗できない状況になっていました。

1時間目　地理①：まちづくりと経営学

　こうして空き店舗ができてしまった高松丸亀商店街の振興組合は，まちづくりの専門家にアイデアを求めました。このときコンサルタントとして高松丸亀商店街の現状を分析した西郷真理子氏が，ファシリテーターとしての役割を果たすことになります。西郷氏は，商店主たちと意見交換をするなかで，大胆なアイデアをまとめあげます。その構想は，まず共同でまちづくり会社を設立し，商店主は会社に土地を提供します。まちづくり会社は商業形態が偏った商店街を見直し，食料品，雑貨，衣料，飲食店など，商店街の賑わいを創出するのに欠かせない業種をバランスよく配置し，そこから上がる賃料から，土地提供者への土地使用料を支払う，という構想です。こうすることで，個人商店主が自由に商売をしているとどうしても偏ってしまう業種を，まちづくり会社でコントロールすることができ，小規模な店舗をまとめて大きな建物にし，効率化を計ることができます。

　この計画は商店街の理想型を追求したものですが，そのためには商店街に住む全住民から土地提供の同意を得なければなりません。また商店主たちは，先祖代々受け継いできた区画から離れ，さらにはこれまでとは違う商売をしなければならないことになります。計画は商店主たちの反発を呼び，説明会は紛糾します。しかし西郷氏は根気強く商店主たちの声に耳を傾け，ファシリテーターとして商店主たちの現状分析の共有を進め，アイデアを出していく手助けを続けていきます。より多くの人々と危機感を共有し，まちづくり会社のメリットを共有するためのワークショップを実施しました。主題図や商店街の模型を作り，商店主たちはこれを元に議論を進め，高松丸亀商店街の将来像を商店主たちが自ら描けるようにファシリテーションしていきました。

　こうして住民の合意を得ることができた高松丸亀商店街は，いくつかの区画に分けて工事が進められ，商店主たちのアイデアが次々と実現しています。完成した区画には人々が集まりイベントが行われる広場が設置され，道幅を広げて買い物の途中で休むことができるベンチが多数置かれています。また大きな建物の上部はマンションになっており，都心回帰志向の住民を呼び戻すことにつながりました。（写真4参照）

2．まちづくりの事例

写真4　高松丸亀商店街のある土曜日の様子
(2016年9月17日，筆者撮影)

　西郷氏は，まちづくりの主役は住民であり，自分自身はあくまで住民をつなぐ接着剤である，と述べています。接着剤は外からは見えず，住民たちをつなぐ役割を果たしています。高松丸亀商店街の事例は，全国で行われるまちづくりに対して多くのヒントを提供しています。

　経営学は，企業活動だけを対象とした学問ではありません。地場産業に関わる人，まちづくりに関わる人など，何らかの共通の目的を持った組織全体が研究対象になります。地域には，様々な人々の営みがあります。経営学は人々の営みに対してアイデアを提示し，多くの人々が充足した生活を送る社会の実現を目指す学問でもあります。みなさんもぜひ学んでみてください。

【参考文献】
木下勇（2007）『ワークショップ　住民主体のまちづくりへの方法論』学芸出版社。
西郷真理子・勝間和代（2011）『NHKテレビテキスト　仕事学のすすめ　まちづくりマネジメントはこう行え』NHK出版。
齋藤一成（2010）『100円商店街の魔法』商業界。
日本建築学会編（2004）『まちづくり教科書1　まちづくりの方法』丸善。

2時間目

世界史
世界最初の株式会社と世界史，そして日本との意外な関係

　現在，企業の形の中で最も一般的なものが株式会社です。今日の株式会社の原型は，17世紀初頭に設立されたオランダ東インド会社にあると言われています。そして，このオランダの東インド会社は，日本とも大きな接点を持っています。この「時間」では，株式会社とはどのような組織なのか。また，株式会社としてのオランダ東インド会社はどのような世界史の背景をもって誕生し，日本とどのような接点があるのかを紹介します。

Keyword:
株式会社，株式，有限責任，無限責任，上場企業，配当金，リスク，オランダ東インド会社，大航海時代，ヤン・ヨーステン，三浦按針，徳川家康，オランダ商館，グローバル，ローカル

1. 株式会社とは

　企業は「会社」とも呼ばれます。会社とは，社会のニーズに応えた製品やサービスを有償で提供する組織のことですが，現在，会社として最も一般的なのが「株式会社」とよばれる形のものです。

　株式会社は「株式（株）」を発行して投資家から資金を集め，その資金でビジネスを行う会社のことで，株式を所有することは株式会社に出資して株主となること，つまり会社のオーナーとしての地位や権利を得ることを意味します。株式は小さな単位に分けられ，ひとつの単位当たりの額面の金額は小さく設定されています。これは多くの人が株式を持てるようにすることで，たくさんの資金を集めるためです。株主はその会社のオーナーですから，その権利として，自分が持っている株式数に応じて会社の経営に加わったり，会社の利益の分け前（「配当金」）を受け取ったりすることができます。

　また，株式会社の大きな特徴に「有限責任」というものがあります。これは，不幸にして会社が事業に失敗し，大きな借金などを負ったまま倒産してしまったときに，株主は自分の出資分，つまり株式を購入した金額分だけ損をすればよく，会社が背負った借金などのすべてに対して責任を負う必要はないということです。逆に，「無限責任」と言うと，会社の借金などのすべてに責任を負わなければならない，ということになります。有限責任であれば低い「リスク」で出資が可能になり，これは投資家にとってのメリットやインセンティブになります。

　さらに，証券取引所を通じて株式を売買することが許されている会社（これを「上場企業」と言います）の株式を持つことも，投資家にとってのメリットやインセンティブとなります。株式の売買で差益を得たり，その時々の状況に応じて株式を売買することで機敏にリスクに対応し，自分の財産を増やしたり守ったりすることができるからです。

　このような理由から，現在，株式会社は広く普及しています。

2．日本に来た最初のオランダ船

　時代は遡って1600年（慶長5年），天下分け目の関ケ原の戦いの，およそ半年前のことです。オランダ船のリーフデ号が豊後の国（現在の大分県）に漂着しました。この船は日本にやってきた，はじめてのオランダ船とされています。

　リーフデ号は，その2年前の1598年に他の4隻の船とともにオランダの港を出港し，南アメリカ大陸の南端を経由して太平洋を渡って，アジアを目指していました。しかし，船団は暴風雨による行方不明，オランダへの帰還，ポルトガル人やスペイン人との闘いによって散り散りになり，リーフデ号だけが1年10カ月の航海を経て，日本に漂着することになりました。そのリーフデ号も，出港時に110人いた乗組員は，日本に漂着した時には，わずか24人になっていて，そのうち自力で歩くことができたのは6人だけだったと伝えられています。この時代の船は木造の帆船です。大洋の航海は，たいへんに過酷なものでした。

　徳川家康はリーフデ号の乗組員を手厚く待遇しました。なかでもオランダ人のヤン・ヨーステン（Jan Joosten van Lodensteyn, 1556?-1623）と，イギリス人のウイリアム・アダムズ（William Adams, 1564-1620）に対する家康の信頼は厚く，ふたりは家康の外交と貿易の顧問のような役割を果たすことになります。

　現在，東京駅周辺のビジネス街は八重洲（やえす）と呼ばれていますが，この地名は，この付近にヨーステンの屋敷があったことに由来します。ヤン・ヨーステンが訛（なま）って八重洲となりました。現在の日本のビジネスの中心地は，リーフデ号と不思議な縁で繋がっているのです。

　アダムズは旗本の身分となり，現在の神奈川県横須賀市に領地を与えられ，三浦按針という日本名を名のります。アダムズには造船所で働いたり，イギリス海軍で艦長を務めたりした経歴があり，その幅広い知識に基づく政策の進言は家康にとって貴重なものでした。さらに，アダムズは家康の求め

に応じて，リーフデ号に乗り組んでいた船大工とともに，ヨーロッパ風の帆船2隻の建造も行いました。

ちなみに，リーフデ号には19門の最新式の大砲が備えられていて，積み荷には500丁の火縄銃や5000発の砲弾，大量の火薬などがありました。これらの武器は関ケ原の戦いで徳川方によって使用され，大いに威力を発揮したと考えられています。

3．大航海時代とオランダのアジア進出

それでは，なぜリーフデ号はアジアをめざしたのでしょうか。

ヨーロッパでは古くから調理や食料保存のため，コショウやクローブ，ナツメグなどの香辛料が必需品でしたが，これらは赤道付近のアジアの特産品です。また，イタリア人のマルコ・ポーロ（Marco Polo, 1254-1324）が著した『世界の記述』（『東方見聞録』）は，ヨーロッパ人にアジアの豊かな富や文化に対する関心を高めさせました。加えて，遠洋航海技術が発達してくると，ヨーロッパ諸国は海路によってアジアをめざすようになりました。香辛料をはじめとするアジアの物産を手に入れて，貿易の利益を得るためです。

こうして，15世紀から17世紀にかけての大航海時代が始まります。はじめ，この大航海時代をリードしたのはポルトガルとスペインでしたが，やがて，ヨーロッパの政治情勢の変化と，毛織物(けおりもの)工業や金融業などで発達した経済力を背景に，オランダでアジア進出の機運が高まります。

ポルトガルは外洋航海に関するノウハウや情報を秘密にしていましたが，それらは次第にオランダをはじめ他国にも伝わっていきました。また，オランダにはメルカトル図法でおなじみの地図学者メルカトル（Gerardus Mercator, 1512-1594）が現れ，地図学や地理学が発達していきました。これらもオランダのアジア進出熱をあと押ししました。

オランダはポルトガルとの競合を避けて，北回り，つまりシベリア経由でアジアへ向かう航路の開発に取り組みますが，北の海の航海は困難でした。

そして，1595年4月，4隻からなるオランダ初の南回り航路による船団が出港します。この船団はアフリカ大陸に沿って南下し，南端の喜望峰を回ってインド洋を横断し，現在のインドネシアのジャワ島に到達することに成功しました。

　この航海には，これといった貿易上の成果はなかったようです。しかし，この航海をきっかけとして，1595年から1601年までの間に，15船団，65隻の船がオランダからアジアへ向けて出港することになります。アジアとの貿易はリスクも大きいのですが，うまくいけば莫大な利益を得ることができたからです。そして日本に漂着したリーフデ号は，太平洋回りでアジアを目指した船団のうちの一隻でした。

4．アジア貿易の資金集め

　アジア貿易を行うには，まず船と乗組員を整える必要があります。加えて，当時は他国の船と鉢合わせると戦いになることも珍しくなく，海賊も横行していたため，船団は大砲などで武装する必要がありました。アジア貿易のマネジメントは，まず，船団を組むために多額の資金を集めることから始まりました。

　ポルトガルやスペインでは，アジア貿易は国王による独占事業のような形がとられ，国王の力によって多額の資金が用意されましたが，オランダの場合は大きく形が異なっていました。オランダでは発達した経済力を背景に，貿易の利益を求める商人などが会社を作って船団を組織したのです。船団を組むのに必要な資金は，ひとつの航海ごとに集められ，船団が無事に戻ってきて貿易による利益があがると，出資者は自分の出資金に加えて貿易の利益の分け前，つまり配当金を受け取ることができました。しかし，船団が戻ってこなかったり，十分な貿易の利益を得ることができなかった場合には，出資金は無駄になってしまいましたし，場合によっては，出資者が損失の穴埋めをしなければなりませんでした。無限責任であることもあったのです。

5．オランダ「東インド会社」の設立

　1595年以降，このようにして組織される船団が増えてくると，オランダの会社の間で利益を奪い合うなどの混乱がおこるようになり，そのため，乱立していた会社がひとつにまとめられることになりました。こうして1602年に設立されたのが「オランダ東インド会社」です。

　それ以前の会社では，ひとつの航海ごとに資金が集められ，その航海が終わるたびに利益や損失の精算が行われていましたが，東インド会社では出資の期間が10年とされて事業に永続性が加わり，出資者は株式を自由に売買できるようになりました。また，無限責任制はなくなり，すべて有限責任制となりました。そして，東インド会社に出資して，その株式を手に入れたのは，大商人の他，職人，賃金労働者，医者，教師，官吏（かんり）など，幅広い階層の人々で，それぞれが保有する株式の数もまちまちでした。こうして，現在の株式会社の原型となる形の会社が，はじめて世界史の中に登場することになります。

　江戸時代の日本では，いわゆる「鎖国」と呼ばれる政策がとられ，ヨーロッパの国ではオランダとだけ貿易を行いますが，長崎県の平戸，のちに出島に設置されたオランダ商館は，世界最初の株式会社であるオランダ東インド会社の日本支店だったのです。しかも，慶安の御触書が出された年にあたる1649年（慶安2年）の記録によると，日本の商館はアジア各地に点在する商館の中で最も大きな利益をあげていて，その額は他の商館を圧倒するものでした。

　こうして世界史と日本，現代の企業経営との関係がひとつの筋となって繋がっていきます。そして人類の歴史は遠い昔から，常に「グローバル」の中の「ローカル」でもあるのです。

　なお，「東インド会社」と名付けられたのは，当時，ヨーロッパでは喜望峰からインド，東南アジア，日本に至る地域を，漠然と「東インド」と呼んでいたことによります。また，「会社」とは言っても，東インド会社に与え

られていた権限や活動は貿易だけでなく，東インド地域で条約を結んだり，自衛戦争を行ったり，要塞を築いたり，貨幣を鋳造したりと，まるで国の政府のようなもので，現在の「企業」の活動とは大きく異なっていました。

【参考文献】
大塚久雄（1969）「株式会社発生史論」『大塚久雄著作集（第1巻）』岩波書店。
科野孝蔵（1988）『オランダ東インド会社の歴史』同文舘。
永積昭（1971）『オランダ東インド会社』近藤出版社。
日本経済新聞社編（2006）『一目でわかる会社のしくみ（第四版）』日本経済新聞出版社。
ミルトン／築地誠子訳（2005）『さむらいウイリアム　三浦按針の生きた時代』原書房。
ロジャース／幸田礼雅訳（1993）『日本に来た最初のイギリス人　ウイリアム・アダムズ＝三浦按針』新評論。

3時間目

政治経済②
社会の課題解決に挑む企業Ⅱ
大企業の下請けから自社ブランド構築に挑んだ「Wash & Care カンパニー」

　社会の課題解決に挑む企業の，2つ目のケースとして取り上げるのが，石鹸(せっけん)やスキンケア製品を製造販売する松山油脂株式会社です。この企業は，大企業の下請けから，「安全性・環境性・有用性のバランス」を基本コンセプトに据えた自社ブランド製品を製造する企業に脱皮し，さらに，現在ではスタッフの幸福に資する「働き方改革」をめざして努力を続けています。常に新しい課題を発見し，その解決に挑む経営の様子を紹介します。

Keyword:
下請け，バブル崩壊，デフレ経済，価格競争，自社ブランド，第二の創業，ニッチ，マーケティング，販売戦略，SPA，安全性・環境性・有用性のバランス，チャネル，ポジショニング，百貨店，ショッピング・センター，ブランド・グループ，複眼的な経営，働き方改革，労働分配率

3時間目　政治経済②：社会の課題解決に挑む企業Ⅱ

1．松山油脂株式会社

　松山油脂は東京都墨田区に本社を置く，「Wash（洗う）＆ Care（潤す）カンパニー」を理念とする企業で，石鹸やスキンケアなどのデイリープロダクト（日用品）を製造・販売しています。同社の製品には全国のイオンや東急ハンズ，ロフトなどの生活雑貨コーナーで販売されている「Mマークシリーズ」ブランドや「LEAF ＆ BOTANICS」ブランド，また，グループ会社が全国の有名ショッピング・センターなどに，約80の直営店（2018年8月現在）を展開している「MARKS ＆ WEB」ブランドなどがあります（33～40ページ参照）。扱っている総アイテム数は数千に及び，近年では品質への評価と「Made in Japan」への信頼から，アジア圏を中心に海外との取引も増えています。

2．下請けから自社ブランド立ち上げへ

　松山油脂の前身となった企業は1908年に創業され，戦後間もない1946年に石鹸メーカーとなりました。その製品は大手の石鹸メーカーに納入され，大手メーカーのブランドで販売されるという，典型的な下請け企業でした。
　現在の社長の松山剛己さんは，あるとき先代の父親から「あと2年で廃業する」と聞かされます。そのことばに，当時，大手商社に勤務していた松山さんの心は動かされました。

　「父は廃業を考えていた。それならば自分が継ごう。そうでなければ先人から続いてきた道が絶えてしまう。ここには誰でもない自分だからできる仕事があるはずだ」。

　松山さんは当時の気持ちをこう語っています。

松山油脂は現在でも，石鹸の主原料となる油脂と苛性ソーダを，大きな釜を使って加熱しながら混ぜ合わせる，「釜焚き」とよばれる伝統的な製法を得意としています。この製法は製造に取り掛かってから石鹸となるまでに約100時間を要し，職人さんの確かな技術も必要です。1994年，大手商社を退職して松山油脂に入社したばかりの松山さんに課せられた仕事は，まず，この釜焚き技術の習得でした。

松山さんは作業をしながら会社の将来を考えます。バブル崩壊後のデフレ経済が進行していた時代です。大手メーカーの工場が進出している東南アジアでは，国内の5分の1くらいの価格で石鹸が売られています。このまま下請けの立場にいたのでは，いずれ価格競争の波に呑み込まれて，事業が立ち行かなくなるのは目に見えています。そこで，松山さんは「第二の創業」として下請けから脱し，自社で考えたものを自らの責任で製造・販売する，自社ブランドの立ち上げを課題とする決意を固めます。

3．自社ブランドの誕生

「シンプルで飽きのこないデイリープロダクトを継続的に顧客に届けたい。顧客とダイレクトに向き合い，顧客が求めている商品とは何かを知り，自分たちが作りたい商品，売りたい商品を発信したい」。

そのような漠然とした思いはあるものの，いざ自社ブランドの立ち上げとなると，どのような切り口で商品を作ったら良いか分かりません。長い間，下請けの立場にあった社内には新しいビジネスのシーズ（ビジネスの種）はありませんし，市場を見渡しても，これといった新しいニーズ（必要性）を見出すこともできません。

そこで松山さんは，5年から10年先に必要とされる商品はどのようなものか，仮説を立てて考え抜きました。そうして導き出したコンセプトが「安全性・環境性・有用性のバランス」です。

3時間目　政治経済②：社会の課題解決に挑む企業Ⅱ

「これからは，いくら有用なものであっても安全性や環境性がおろそかにされるなら，その商品は顧客に受け入れてもらえない。なにより石鹸は人の肌に直接触れるもの」。

松山さんは，そう考えたのです。

そして，そのコンセプトの実現にふさわしい技術が，伝統の「釜焚き」でした。釜焚き製法は時間と手間がかかりますが，天然成分をベースにした低刺激性で安全性の高い製品を製造できます。また，釜焚き製法は職人さんの技術に頼る部分が多いために，簡単にまねをすることができず，大手量産メーカーの製造手法にもなじみません。釜焚き石鹸は誰もがその品質を認めつつも，簡単に参入することができないニッチ（隙間市場）なポジションの商品でもありました。こうして1995年に自社ブランド「Mマークシリーズ」が誕生します。

松山油脂の理念は「Wash（洗う）& Care（潤す）カンパニー」ですが，石鹸とスキンケア製品の製造技術はまったく別のもので，石鹸メーカーだからといっても，スキンケア製品を製造できるわけではありません。次の課題は，おのずとスキンケア製品の製造や開発技術の習得，ノウハウの獲得ということになりました。そこで，松山さんは会社の製品コンセプトに共感を持ち，一緒に仕事をしてくれる人材の獲得に奔走します。大手の化粧品メーカーで働いていた方のところへ，自ら出向いては頭を下げて協力をお願いしました。その努力も実って，1997年に「Mマークシリーズ」のスキンケア製品の発売にこぎつけます。こうして製造する商品のアイテム数も増え，「Wash & Careカンパニー」の形が整っていきます。

この過程で突き当たった新しい課題は，知名度がない新規参入ブランドの商品を，どのように顧客にアピールするかというマーケティングの問題でした。マーケティングとは，いかに販売するか，いかに顧客にとっての価値を高めた商品を提供するかという考え方で，経営学の重要な基本です（33〜40ページ参照）。

この課題を乗り越えるために，松山さんは流行や情報発信の中心地である

東京・渋谷に狙いを定め，東急ハンズやロフトといった，こだわりの生活雑貨を販売する大手小売店に商品を置いてもらうことにしました。まず販路を渋谷に絞り，そこで実績があがれば，おのずと評判は広がっていくという考えです。そして，この販売戦略は的中し，商品のコンセプトと性能，適切な価格設定は，感度の高い渋谷の消費者の心をつかみ，その結果，評判は広がり，全国に「Mマークシリーズ」を扱ってくれる小売店があらわれてきました。

4．Wash & Care の SPA をめざして

「Mマークシリーズ」は小売店を通じて販売しています。そこでは，顧客と直接に向き合っているのは小売店です。

「第二の創業を決意した時の思いは，まだ実現していない」。

そう考えた松山さんは，Wash & CareのSPA（製造小売業）をめざして，2000年に「MARKS & WEB」ブランドを立ち上げます。松山油脂で製造した製品を，グループ会社の株式会社マークスアンドウェブが運営する店舗とネットショップのチャネル（流通経路）を通じて，直接に顧客に提供するのです。そしてMARKS & WEBブランドには「安全性・環境性・有用性のバランス」という松山油脂製品の基本価値に，デザイン性や天然精油を使ったアロマといった複合的価値を加えて，使用時の楽しみやワクワク感を増すというブランドのポジショニングが設定されました。

ポジショニングとはマーケティングの用語で，商品の位置づけを意味します。高級品なのか，低価格なのか。若い人向けなのか，高齢者向けなのか。誰が，どのような場面で利用するかなどを意図して，新しい商品は開発されるのです。

しかし，ここでも課題が出てきます。新規参入ブランドの店舗をどのように展開していくかという課題です。

スキンケア製品をはじめ，たくさんの化粧品ブランドの製品が並んでいる店舗として，すぐに思い浮かぶのは百貨店でしょう。しかし，百貨店は基本的にメーカーなどから商品を仕入れて販売する小売店ですし，世界的な最高級ブランドのシャネル（CHANEL）や，ディオール（Dior）やゲラン（GUERLAIN）などを傘下に持つLVMH（Moët Hennessy Louis Vuitton）グループなどの海外大手ブランド・グループ，資生堂やポーラ（POLA）などの国内大手ブランドの販売が中心です。また，扱っている商品も高額なものが主流です。Wash & CareのSPAをめざすという，MARKS & WEBの展開とは相いれません。

一方，ショッピング・センターは賃料を受け取って売り場のスペースを貸すビジネスのスタイルで，出店者自身による店づくりができるのですが，そこにも既に内外の有名な先発ブランドがひしめいていて，利便性が良く人目に付く売り場は賃料も高額です。まったくの新規参入ブランドが入り込む余地は，そうそうありません。マークスアンドウェブが，ようやく確保できたのは，東京・丸の内にある「丸ビル」の，エスカレーター脇の共用スペースでした。現在，全国の有名ショッピング・センターなどに，約80の直営店（2018年8月現在）を展開するまでに成長しているMARKS & WEBですが，そのスタートはエスカレーター脇の共用スペースを安く借りて設置した，販売用ワゴンからでした。

5．無借金経営から働き方改革へ

「業績が上がると革新性が失われる。過去のやり方に胡坐をかかず，常に好奇心と情熱を持ち，常識を疑い，ゼロから発想してチャレンジする。けっして去年の自分に負けない」。

これが松山さんの経営に対するスタンスですが，この思いは高校時代の自分を振り返ったときの反省から生まれました。松山さんは横浜の高校で，アメリカンフットボールに打ち込むスポーツ青年でした。しかし，大会では隣

接する川崎の強豪校の厚い壁に阻まれることが，たびたびでした。

　「高校生活は，たった3年間。ただ先輩の後ろに付いていくのに精いっぱいだった1年生が，わずか2年後には先頭を走るリーダーとなる。短い間に大きく成長しなければならないときに，自分は本当にチャレンジしていただろうか。あまりに漫然と高校時代を過ごしていなかっただろうか」。

　あとから振り返ったときの，この悔しさが現在の自分の原点となっていると松山さんは語ります。
　1995年に自社ブランド「Mマークシリーズ」を立ち上げてから，ここまで順調に成長を続けてきた松山油脂は，2016年にグループ全体で無借金経営を実現しました。

　「これで自分たちが本当にやりたいことができる状態になった。利益をあげることは企業としての社会的評価のひとつだが，利益をあげながら利益第一主義でなく，さまざまな形で社会に貢献し，社会と共生するという複眼的な経営を目指すこと。顧客と社会から必要とされ継続的に評価される企業となること。これが次の課題だ」。

と，松山さんは語ります。
　手始めとして，2017年から「働き方プロジェクト（WORK2020）」をスタートさせました。これは労働分配率を向上させ，スタッフの幸福に資するための「働き方改革」です。労働分配率とは企業が生産した付加価値のうち，働き手の取り分の割合を示すことばです。
　松山油脂グループは扱っている商品の性格上，女性社員の比率が高いことが特徴ですが，現在の日本社会では，女性が家事や育児，介護などの負担を一身に背負わざるを得ない，厳しい現実があるのも事実です。働く人がどのように生活と仕事の両立をはかるかは，大きな社会的課題です。それぞれの社員の生活状況や，自分が考える生き方に即した多様性のある働き方で，

3時間目　政治経済②：社会の課題解決に挑む企業Ⅱ

働く誇りとゆとりを実現させることをめざす。これは，とらえ方によっては固定費の増加となって経営上の数字を悪化させることに繋がります（22〜24ページ参照）。しかし，松山さんたちは，自社の働き方改革という新しい課題解決のために，いかに，それに耐える足腰の強さと，働きやすさを合わせ持った企業づくりを行うかという，「未知の解」を求めるチャレンジに取り組んでいます。

【謝辞】
　この「時間」は，松山油脂株式会社代表取締役社長の松山剛己さん，ならびに同社の本社と工場のスタッフの皆さん，株式会社大丸松坂屋百貨店本社営業本部アミューズボーテ事業部長の清水宏さん，同スタッフの小井戸江利子さんへの取材を中心に構成しました。また，元法政大学教授の久保田章市先生，法政大学教授の石島隆先生，J.フロントリテイリング株式会社財務戦略統括部の高須愛さんには，この取材のコーディネートにご尽力をいただきました。皆様には，この場を借りて厚く御礼を申し上げます。

4時間目

国語②
国語とはどういう教科か

　2日目の国語の「時間」では，古典作品を例に，経営とのつながりについて解説してきました。そこでは『今昔物語集』に登場する信濃守陳忠や『世間胸算用』の八助のような，魅力的（？）な登場人物がたくさん活躍していました。しかしながらこの辺で，今度は古典から現代文に視点を移しましょう。

　この時間は，主に評論文を題材にして，国語を学ぶ意味，そして国語と経営学の繋がりについて考えていきます。

Keyword:
労働効率，持続可能，欲望，自動運動，モーレツ社員，エコノミックアニマル，多角的・多面的な理解，人文科学，社会科学，自然科学，最適な環境，アンテナ

1．現代文という分野（主に評論をめぐって）

　現代文を読む，その課題の重要性とは，様々な分野の文章を読み，理解し，一定の論点に従ってそれを表現してゆく活動にある，と言えます。高校で学ぶ他の教科も，その点に主眼を置いていると言えます。現代文の「小説」に関して言えば，そこから何を読み取るかという点では，基本的には前述した形での「古典」と同様と考えてよいでしょう。すなわち，そこに描かれている物語が含意する様々な生活（意識）の実相（実際の姿）を作品の表現を踏まえて感じ取り，読み取ってゆくということになります。

　それでは「評論」はどうでしょうか。主に高校2・3年次を対象とする「現代文」のいくつかの教科書を概観してみると，経営分野を題材とする教材（評論）として，例えば，長谷川英祐「働かないアリに意義がある」，佐伯啓思「欲望と資本主義」，大澤真幸「サッカーにおける『資本主義の精神』」等々が収録されています。この中で，例えば長谷川氏の「働かないアリ……」は，労働効率と持続可能な組織・社会の条件との関係を，「働かない」アリの存在意義という観点から論じたもの（変動する状況・環境への対応，その対応すなわち持続可能性を実現する「余力」のもつ意味・役割等々）ですが，考えてみれば，会社だって一時的にパッと利益を上げても，アッという間に潰れてしまったのでは仕方ありません。そのあたりを，人間社会とは一見無関係な昆虫（アリ）の世界から読み取ってくるところが，「気づき」という点では非常に大切だとも思われます。

　一方，佐伯氏の「欲望……」は購買活動の根底にある「欲望」をキーワードとして，資本主義，あるいは経営システムを，自動運動という視点から捉え，展開したものですが，「自動」という，人の意思を離れた（と理解されるような）仕組みに帰結させてゆくところに，気づきの源がありそうです。

1．現代文という分野（主に評論をめぐって）

★読んでみよう★

長谷川英祐『働かないアリに意義がある』より

　見てきたように，ムシの社会が指令系統なしにうまくいくためには，メンバーの間にさまざまな個性がなければなりません。個性があるので，必要なときに必要な数を必要な仕事に配置することが可能になっているのです。このときの「個性が必要」とは，すなわち能力の高さを求めているわけではないのがおもしろいところです。仕事をすぐにやるやつ，なかなかやらないやつ，性能のいいやつ，悪いやつ。優れたものだけではなく，劣ったものも混じっていることが大事なのです。

　……中略……

　ただし何度でも強調したいのは，彼ら「働きたくないから働かない」わけではない，ということです。みんな働く意欲は持っており，状況が整えば立派に働くことができます。それでもなお，全員がいっせいに働いてしまうことのないシステムを用意する。言い換えれば，規格外のメンバーをたくさん抱え込む効率の低いシステムをあえて採用していることになります。しかしそれこそが，ムシたちの用意した進化の答えです。

※　戦後，間もない頃，経済復興を目指す日本の企業風土は，「高度成長」に向けて「モーレツ社員」「エコノミック・アニマル」と呼ばれる社員たちを軸として，経済活動に邁進していました。社員たちが一致団結して，所属する企業の目標にその力を結集していたのです。しかしながら，やがてそのような「日本型」の働き方に疑問が呈され，見直されるようになってきました。

　無駄はない方がいいと誰でも思うでしょうが，無駄がなさ過ぎるのも問題ということに気づくことも大切です。「持続可能性」ということが最近よくいわれますが，それを可能にする重要な要素の一つが「多様性」です。「多様性」（例えば，働かないアリの存在）は，一見無駄なもののように見えますが，一定の無駄（遊び）があることによって，歯車はより円滑に回転（機能）することができます。

　そのような視点を持つことはとても大切なことだと思います。そのことに気づかせてくれる論考です。

4時間目　国語②：国語とはどういう教科か

佐伯啓思『欲望と資本主義』より

　さて，欲望をこのようなフロンティアの拡張運動と理解してみよう。フロンティアの向こうにはまだ見ぬもの，見ることが禁じられているもの，精神的なものが広がっている。科学も，芸術も，技術も，もともとはこうしたフロンティアの向こうに対する欲望に発するものだといってよかろう。そして，「資本主義」もまた，ある独特の仕方で，このフロンティアを拡張しようとする運動なのである。

　ある独特の仕方でというのは，欲望の対象を商品にするということだ。欲望のフロンティアの拡張は，それ自体が商品のかたちをとる。フロンティアを押し開くことは，この「商品」をめぐって，一方で消費者の欲望を開拓し，他方で企業に新たな利潤機会を提供する。いや，絶え間なく欲望のフロンティアが開かれていくことによって，消費者と企業という2つのカテゴリーが分節化されてくるのである。

　こうして，欲望のフロンティアの拡張はまた市場の拡張を意味することになる。消費者は，絶えず新奇なものを求め，また社会の階段を上昇することを夢見て欲望を膨らませる。企業はそこに利潤機会を求め，絶え間なく新たなものを生み出そうとする。その結果，市場は無限の拡張という自動運動の中に放り込まれてしまうのだ。このような，市場を舞台とする，欲望のフロンティアの拡張の自動運動こそが，ここでいう「資本主義」である。消費者と企業はともにその自動運動の歯車である。

※「資本主義とはなんぞや」などと正面から疑問を呈する人はあまりいないでしょう。しかしその仕組みの根本にしっかりと目を向けることは必要不可欠なことです。

　本論考は，ややわかりにくいところもありますが，資本主義（的経済活動）が持続・拡大していく仕組みを，「欲望」をキーワードとして説明したものといえます。そして，その「仕組み」の中に私たちは望むと望まざるとに関わらず，いわば「オートマチック」に組み込まれてしまっているという現実。要するに，私たちはその「仕組み」に飲み込まれてしまっているというのです。しかしながらこの論考では，そのような現実を直視しながら，人が主体的にそのような状況に立ち向かっていくことを実は求めているのだと思われ

ます。無自覚に現実に飲み込まれていたら，資本主義が内包している課題は見つかりませんし，それでは改善も改革も期待できないからです。もちろん，「欲望」だけが「キー」ではありません。皆さん，自分なりの「キー」探しをしてみてはいかがでしょうか。

しかしながら，このように経営分野に分類されるような評論は，教科書に収録されている評論の1割にも満たないというのが実際のところです。そもそも，国語という教科は，経営学をめざす生徒だけのための教科ではないのですから，それも当然です。いわゆる文科系・理科系を問わず，全ての生徒に基礎的な読解力・理解力を発展的に定着させることをその目的とするのですから，国語（現代文）で扱う分野・素材は，人文科学・社会科学・自然科学といった極めて広範な領域にまたがることになります。逆に言えば，広範囲に及ぶからこそ，今後触れることになるであろう様々な文章の読解・理解において，特定の「癖(へき)」に縛られることなく，多角的・多面的な理解に達すべき素地が，そこで作り上げられてゆくことになるのです。

2．国語（現代文）の学習における主観と客観

「国語」という教科を通じて，私たちは何を学び取ってゆくべきでしょうか。それは前項で触れたところの繰り返しになってしまうのですが，あえて述べておきましょう。

まず第1に，私たちが多様な文章を読み取ってゆくことで，客観的・論理的な読解の実践的な訓練を行うという課題があります。言うまでもなく，「私」がその読み取りの主体であるわけですが，その「私」には「私」なりの感じ方・考え方の特性があるものです。自分なりの感じ方や考え方のことを「主観」と言ってもよいでしょう。「私」はそのような感じ方・考え方の特性に従って，いわば自分の「主観」に立脚して文章を読み取ってゆくことになるのです。その上で，しかも同時に「客観的」な読みを実現しなくてはなりません。主観を大切にしつつ，同時に，主観に流されない客観的な

4時間目　国語②：国語とはどういう教科か

（半ば普遍性を持った）「読み」が求められることになるのです。そのような「読み」の能力の獲得が，多様な文章の読解を通じて目指されるのです。

　第2に，私たちは，そのような「読み」の能力の獲得に向けて，目的意識を持ちつつ，多様な文章に立ち向かってゆくことになるわけですが，そこで多様な文章に主体的に触れることによって，より説得性のある「読み」や「理解」に必要な，様々な切り口の獲得が目指されることになります。誰にも，それぞれに得意な分野というものがあるでしょう。そうであるとすれば，同時に，誰にでも不得意な分野というものもあるに違いないのです。しかし，だからといって「不得意」なものから目をそらし続けていたら，自分の小さな殻にとじ込められたままになってしまいます。「殻を破る」とは自らを大きく成長させるということであり，そのためには，得手不得手にかかわらず，どんなものにも積極的に立ち向かうことが求められます。そしてそこから，読み，理解する力が獲得されてゆくことになるのです。「読む」こととは，自分の「殻を破る」ことにほかなりません。

　そして第3に，そのようにして獲得された「力」を発揮して，あるテーマについて自身の力で主張を展開できるようにするという課題があります。このときに必要になる「力」が読解力であり，その上に立つ理解力なのです。この場合，読解していく「テーマ」が何を求めているのかがきちんと理解されていなければならないでしょう。つまり，どのような発想や切り口からテーマが語られ，どのような展開をしていくのか，を理解していなければいけません。それは，同時に，その「テーマ（事物）」を客観的・論理的に見て，理解した内容や主張を適正に言語化し，論理的に再構築できるようにするということなのです。

　高校生がこうした主体的な努力をはじめた時，経済学や経営学に関する教材が準備されていたとしたら，それは経営学を目指そうとする者にとっては「幸運」と言うべきでしょう。しかしながら，既に述べたように，そのような教材はほんの一握りしかないものですし，ある場合には全くなかったりもするのです。そもそも，経営学そのものを限定的に学ぶということであれば，「政治経済」等の科目を一生懸命学習したり，あるいは経営学に関する

新書や雑誌をたくさん読めばよいのであって，なぜ「国語」なのかという問いに対する答えは出てこないのです。「国語」という教科は，ある特定の分野の知識の獲得を目指すものではないからです。

3．「国語」と経営学はどのように繋がっていくのか

(1) 商機はどこにあるか

　経営とは本来マネジメントということであり，組織や活動をいかに合理的に，効率よく展開するのか，その方法論と実践を指すものでしょう。この「経営」という言葉を中高生向けの国語辞典（例えば，三省堂『現代新国語辞典』）で調べてみると，「〔利益があがるように〕事業をいとなむこと」とあります。つまり「経営」を商業・経済活動という一カテゴリーに限定して理解しているのです。その点への不満はさておき，ここではその限定された理解に沿って，少し考えてみましょう。

　まず第一に「利益をあげる」ための「事業」という単語の意味ですが，それはどのような事業でしょうか。また，その事業では何を扱うことになるのでしょうか。

　そのように問われたとき，その「答え」にあたるものをさっと1つ2つに限定して答えることは，極めて困難ではないでしょうか。それは，なぜでしょうか。要するに，「事業」そのものが数限りなくある上に，そこで扱いうるものも数限りなくあるからです。「事業」を会社や商店というふうに限定したとしても，その会社や商店が取り扱う可能性のある商品・サービスは，やはり数限りなく存在するものです。その個別な，それぞれの商品・サービスが，それぞれに利益をもたらしうるものであることを考えれば，大切なのは様々な事物・事象の中に利益を生み出すものを見つけ出すことでしょう。つまり，何が，どのような形で，どのような利益をもたらしうるのかに気づき，その「何か」に最適な手を打ってゆくこと，と言えるでしょう。

　ところで，同じAというビジネスが，ある状況では利益を生み出し，他の

4時間目　国語②：国語とはどういう教科か

状況では利益を生み出さないのはなぜでしょうか。なぜそのようなことが起こるのでしょうか。Aというビジネスがある状況でXという利益を生み出したとすれば，その事業Aは利益Xを生み出す能力を潜在的に有しているということができます。しかしながら，実際にXという利益を生み出すか否かは，潜在的能力とは全く別の問題です。要するに，AというビジネスにXという利益を期待するならば，利益を生み出すための，最適の環境（状況）を事業Aに与える必要があるのであり，もしもそのような環境（状況）を与えなければ，Aは結局，潜在的な可能性を出るものではなく，黙して語らないということになってしまうのです。

ではAに最適な環境（与えられるべき状況）は何か。それを見つけ出すための「眼」こそが現代文や古典を読む能力に求められることになるのです。

(2)　多面的に見，多角的に理解する眼を獲得する

例えば高校「現代文」の授業で何本かの評論を読むことになったとしましょう。その時，どのような教材（評論）を扱っているのかについて，その分野（カテゴリー）を見てみると，既に述べたように，経営・経済に関する文章は極めて少ないと言わざるを得ません。しかしながら，更に極論を言うとすれば，実は経営・経済に関する「現代文」の文章は，むしろなくてもよいのです。

経営や経済についての学習は，「政治経済」等の授業で行えばよいのだし，それを更に深めたいと思ったら，授業ではなく，次の段階として，関連する新書などの類を読めばよいからです。それよりも，人文科学・社会科学・自然科学，更には「雑学」も加えた幅広い分野の文章に触れること，それらの文章を読んで，「ああでもない」，「こうでもない」と考えること，この事の方が人生においてはよほど大事なものなのです。

ビジネスの世界で成功するためには，「アンテナを張りめぐらせ」と言う人がいます。しかし，そのアンテナが「ちゃち」なものであったら，せっかく張りめぐらしても，求め，獲得すべき情報がそのアンテナをすり抜けて逃げていってしまいます。張りめぐらすべきなのは360°全方位をカバーでき

る，目の細かいアンテナでなければなりません。私たちは，そのアンテナを自分自身の中に構築しなければならないのです。

　わらしべ長者は，拾い上げた「わらしべ」に「利益」への道筋を見出しました。それは「たまたま」という偶然の力を借りた結果であるかも知れませんが，大切なのは，その「気づき」の地点に立ち止まり，「機会（チャンス）」を客体化することでしょう。アンテナの目が粗かったら，「機会」は逃げていってしまうのです。目の細かい，大きなアンテナの獲得と構築。多様な文章を読んでいろいろな角度から検討する読解力と理解力の深化，そのような作業を通じてこそ，アンテナの構築は可能になってゆくでしょう。それは経営学に限らず，これから読者であるみなさんが展開してゆく様々な活動のバックグラウンドとなるものなのです。

　アンテナ（バックグラウンド）をしっかりと構築すること，そのための基礎として古典があり，現代文があります。そのアンテナを使用（運用）しなければ，まさに宝の持ち腐れになってしまいます。さらには，仕上げたアンテナのスイッチを常にONにしておくことも意識しておく必要があります。

　そのような観点も持ちながら，「国語」に取り組んでゆくことは，とても意義のあることだと思います。

5時間目

英語②
ドラッカーの語るイノベーションの源泉

　経営学はアメリカで発達した学問です。マネジメントの実践も，研究も，啓蒙(けいもう)も，すべて英語で行われています。英語を読み，書き，聞き，話し，喋ることができなければ，国際的な活動をする企業で働くこともできませんし，大学教授の仕事も勤まりません。英文を読んで意味を読み取る作業は，夏の海辺で海岸線をながめながら深呼吸をするようなものではありません。真夏の炎天下，ひとつひとつのブロックを積み上げるような作業なのです。ブロックの積み上げ方には方法があります。それを英文法と言います。高校の授業を一度聞いただけで数多くの英文法のルールを理解し，記憶することは不可能です。毎日，少しずつ繰り返して積み上げていくことが大切です。この「時間」は，ドラッカーというアメリカの有名な経営学者による英文を解説します。高校で使っている英文法の教科書や参考書を手にして参加して下さい。

> **Keyword:**
> アカデミック・ライティング，ドラッカー，イノベーション，5文型，主語・動詞・目的語・補語，他動詞・自動詞，三人称単数現在形，過去分詞，前置詞，受動態（受け身），that節，whatからはじまる関係代名詞，形容詞，比較級・最上級

5時間目　英語②：ドラッカーの語るイノベーションの源泉

1. 大学で学ぶ英語

　大学では，さまざまな英語教材を使って授業が行われます。経営学部での授業も例外ではありません。その理由は簡単です。日本の有名企業は海外に生産工場や販売のための事務所を開設して，英語でビジネスを行ってきたからです。総合商社と呼ばれる業態は，すでに明治時代からアメリカに支店を置いて，国際貿易を行ってきました。楽天やユニクロのように，日本国内でビジネスをする場合にも，会社のなかでは英語を使って会議をする，という会社もでてきました。こうした企業は，英語を社内公用語としているのです。そのことで，英語を母国語とする海外子会社の従業員たちとのコミュニケーションが容易になるのです。

　大学で英語を学ぶ理由はほかにもあります。学問の研究成果を世界に発信するためには，世界の人が理解できる言語で発信する必要があります。発信された英語の情報を理解するには，英語を母国語に翻訳して理解することで，より多くの人たちが理解できるようになります。日本もまた，英語，ドイツ語，フランス語など，さまざまな言語で発信された学問的情報を日本語に翻訳して，知識として定着させてきた国のひとつです。優れた研究成果は英語論文という形で発表されます。英語は，読み，書き，話し，聞き取ることができなければなりません。

　大学の授業には，会話（conversation）やリスニング（listening）の力をつけるための授業，アカデミック・ライティング（academic writing）という英作文の授業に加えて，英文で書かれた有名な著作を読む授業があります。古い言い方では，それを原書購読といいます。原書とは，日本語に訳されていない外国語文献のことで，英語，ドイツ語，フランス語，中国語，韓国語，ロシア語，スペイン語などの授業が準備されています。以下では，高校生の英語力を前提として，経営学に関する英文を解説していきましょう。

2．ドラッカーの英文

　大学に入学すると，英語の授業では，専門分野にかかわる英文を読んで，その意味を理解することが求められます。何が書いてあるのか，著者は何を言いたいのか，それが私たちの生活とどうつながるのか，を英文から学ぶことになります。理解するためには，一文ずつ，読んでいく必要があります。次の英文を読んでみましょう。アメリカの有名な経営学者であるドラッカーの書いた英文です。できれば，声に出して，音読して読んでみましょう。読みにくい英単語，知らない英単語には，チェックマークをつけていきましょう。

Innovations based on a bright idea probably outnumber all other categories taken together. Seven or eight out of every ten patents belong here, for example. A very large proportion of the new business that are described in the books on entrepreneurs and entrepreneurships are built around "bright ideas" : the zipper, the ballpoint pen, the aerosol spray can, the tab to open soft drink or beer cans, and many more. And what is called research in many businesses aims at finding and exploiting bright ideas, whether for a new flavor in breakfast cereals or soft drinks, for a better running shoe, or for yet one more nonscorching clothes iron. (Peter F. Drucker, 1985. *Innovation and Entrepreneurship: Practice and Principles*, Harper Business, p. 130)

　どうでしょうか。意味はわかりましたか。ドラッカー（Peter Ferdinand Drucker）は1909年にウィーンに生まれ，2005年に95才で亡くなったアメリカの経営学者です。アメリカの大手自動車メーカーであるゼネラル・モーターズ（GM）のコンサルタントを行い，1949年か

ら22年間ニューヨーク大学の教授を務めました[1]。日本では，岩崎夏海著『もし高校野球の女子マネージャーがドラッカーの「マネジメント」を読んだら』（新潮文庫，2015年）がベストセラーにもなり，ドラッカーの評価は高まり続けています。ドラッカーは，マネジメント（経営）という概念が専門的な技能であることを主張し，その主張は世界的に受け入れられています。

　上記の英文を，それぞれ一文ずつ，解説していきましょう。英文読解のコツを一言で言えば，動詞を探すことにあります。高校一年生の英語の時間に5文型という基本を学んだはずです。第1文型は主語＋動詞，第2文型は主語＋動詞＋補語，第3文型は主語＋動詞＋目的語，第4文型は主語＋動詞＋目的語＋目的語，第5文型は主語＋動詞＋目的語＋補語から成り立ちます。英文をおおまかに5つのパターンに分けることができるという事実は重要です。ひとつの英文には，ひとつの主語とひとつの動詞があり，主語と動詞がさらに補語や目的語と結びついて文章の意味をつくります。

第1の文章解説
Innovations based on a bright idea probably outnumber all other categories taken together.

　この文章は13の単語から成り立っています。わからない単語があれば辞書で引かねばなりません。辞書を引くときには，注意が必要です。英単語を調べるときに，ひとつの英単語に対して，一回辞書を引けば意味がわかる，と考えるのは間違いなのです。ひとつの単語には，複数の意味がありますから，その複数の意味のなかから，どのような意味が訳語として対応するのかを見つけるには，文章全体，段落全体を読んでから，はじめて決めることができるのです。英文は主語，動詞，目的語，補語といった要素から成り立ちますから，主語の意味に応じて動詞の意味が決まります。また，目的語や補語の意味に応じて動詞の意味が異なることも多いのです。

　英単語を辞書で引いて，その説明の冒頭に出てくる意味が，今読んでいる

文章の訳としてふさわしいとは限らないのです。何回も辞書を引かないと，正しい訳文をつくることはできません。訳文を作成するノートには，単語とその品詞を書いたほうが良いでしょう。これから訳そうとする英文にふさわしい意味と，辞書の冒頭に記載されていた意味の双方を書いておけば，将来，その同じ単語で訳したり，英作文をするときに役立ちます。

　単語の意味が，正確ではないにしても，だいたい理解できたら，次にはまず，どの単語が文章のなかの動詞になっているのか，を探す必要があります。上記の文章の単語を調べると，動詞の候補としてbasedとoutnumberがあることがわかるでしょう。答えを言えば，①の文章のなかの動詞は，outnumberです。

　based on ～は「～に基礎を置いた」という意味で，baseの過去分詞basedが後ろからInnovationsを修飾しているのです。おなじように，taken togetherについても，takeが動詞の原型，tookは過去形，takenが過去分詞ですから，taken togetherは「それらすべてをまとめた」という意味で後ろからall other categoriesを修飾しています。過去分詞が修飾語となるという点について，本書ではじめて知ったみなさんは，英文法の参考書で過去分詞の説明を探し，何度か詳しく読んでみることをお薦めします。

　修飾している部分をカッコでくくると，①の文章は，次のようにまとめられます。

Innovations (based on a bright idea) probably <u>outnumber</u> all other categories (taken together).

　動詞の前に来るのは主語です。つまり，Innovationsが主語です。probablyは副詞であり，「おそらく」という意味で動詞outnumberを前から修飾します。英単語の下に意味を書き入れてみると，

Innovations　　(based on a bright idea)　　probably

5時間目　英語②：ドラッカーの語るイノベーションの源泉

イノベーション　（優れたアイデアにもとづいた）　おそらく
outnumber　　all other categories　(taken together).
数の上で上回る　他のすべての分類を　　あわせて合計した

となります。この英文は，主語＋動詞＋目的語からなる第3文型だということがわかります。Innovationsが主語，outnumberが動詞，all other categoriesが目的語です。日本語は主語＋目的語＋動詞という語順になりますから，自然な日本語になるように修飾語のかかりかたを工夫しながら訳せば，

「優れたアイデアにもとづいたイノベーションは，他のすべての分類をあわせて合計したよりも，おそらく数の上で上回る」。

となります。ここで，もしも，イノベーションという単語の意味を理解していなかったとしたら，英文を日本文に訳すことができたとしても，訳した日本文の意味を理解できない，ということになるでしょう。大学で学ぶ英語が難しいのは，そこに登場する専門用語があり，その専門用語の意味を理解するために必要な知識が，英文和訳とは別に必要となる，ということがあるからです。英単語とともに，その背景にある専門用語を理解していかねばなりません。イノベーションという単語の意味は，81〜82ページを参照して下さい。ドラッカーは，優れたアイデアがイノベーションの源泉である，という考え方について，自分の考え方を述べているようです。

第2の文章解説
Seven or eight out of every ten patents belong here, for example.

　この文章のなかの動詞は，どれでしょうか。2つの候補がありますが，正解はbelongです。patentにも，特許をとる，という動詞の意味があります。三人称単数現在形の動詞であれば，patentsとsをつけることになり

ますが，patentsの前にあるのは複数形の数詞であるSeven or eightですから，上記の文章のなかのpatentsは，名詞である「特許」の複数形です。hereは「ここで」という意味の副詞ですから動詞を修飾します。副詞は，形容詞や動詞を修飾する単語のことでした。すると，この文章は動詞の後ろには，目的語も，補語もないことがわかります。つまり，主語＋動詞という第1文型の文章であることがわかります。

　動詞の後ろに目的語をとるoutnumberのような動詞を他動詞，belongのように後ろに目的語をとらない動詞を自動詞と言います。自動詞の後ろには，前置詞がきて後ろの文章につながることが多いのですが，自動詞belongの場合にはtoを伴うことが多く，belong to ～という慣用句でよく用いられます。では，単語の意味を書き入れてみましょう。

Seven or eight	out of every ten	patents	belong	here,
7ないし8の	10ごとのなかの	特許	属する	ここに

for example.
たとえば

となりますから，訳文を作成すれば，

「たとえば，10ごとのなかの7ないし8の特許は，ここに属する。」

となります。もう少しわかりやすく日本語を補った訳をつくれば，

「たとえば，特許を10ごとに取りだせば，そのなかの7ないし8の特許は，ここに属する。」

となります。「ここ」とは，第1の文章に出てきた「優れたアイデアにもとづいた特許」，という意味です。

　特許とは，製造方法，製品，部品などについて，いままでにない新しいも

5時間目　英語②：ドラッカーの語るイノベーションの源泉

のであることを政府が認定する制度のことです。発明者が特許を取得しておくことで，別の企業がその特許を利用した新製品を生産したり，販売したりするときに，特許利用料を取ることができます。また，特許を取得しておくことで，模造品の製造・販売が行われた場合には，訴訟を起こすことができます。

第３の文章解説
A very large proportion of the new business that are described in the books on entrepreneurs and entrepreneurships are built around "bright ideas": the zipper, the ballpoint pen, the aerosol spray can, the tab to open soft drink or beer cans, and many more.

　上記の文章のなかの動詞はどれでしょうか。areが２回登場しています。前のほうは，that以下で，その前のthe new businessを説明する「that節」なので，文章のなかの主たる動詞ではありません。カッコでくくってみると，

A very large proportion of the new business (that are described in the books on entrepreneurs and entrepreneurships) are built around "bright ideas."

となり，文章の幹となる部分だけを取り出せば，

A very large proportion　　of the new business
非常に大きな比率　　　　　新規ビジネスの
are built around "bright ideas"
「優れたアイデア」によって成立している。

という第2文型の文章であることがわかります。第2文型は，主語＋be動詞＋補語，という形でした。build・built・builtを思い出せば，builtが不規則動詞buildの過去分詞であることもわかります。be動詞のareプラス過去分詞ですから，受動態（受け身）の文章であることもわかります。次に，カッコのなかの文章については，

(that are described　in the books　on　　　　entrepreneurs
述べられた　　　　　本のなかで　に関する　起業家
and　entrepreneurships)
や　　起業家精神

となっていますから，「起業家や起業家精神に関する本で述べられている」となります。ここまでの訳文は，

「起業家や起業家精神に関する本で述べられている新規ビジネスの非常に大きな比率は，『優れたアイデア』によって成立している」。

となります。

　entrepreneursはアントルプルヌァーズに近い発音になります。entrepreneurshipsは，アントルプルヌールシップに近い発音になります。起業家と起業家精神という訳ですが，これは，sportsman（スポーツマン）とsportsmanship（スポーツマンシップ）のように具体的な人と，その人の持つ気性を意味しています。職業を示す英単語の後ろに-shipとつけると，その職業の人たちが持つ気性という意味での「精神」を表す単語になります。

　この文章の半ばには，「：」のマークがあることがわかります。このマークは，コロンといって，その後ろに名詞ないし名詞句を並べて記述するときに用います。これは，日本語で言えば述語を省略した体言止めと同じ表記を行うときに用います。類似したマークには「；」があり，こちらはセミ・コ

5時間目　英語②：ドラッカーの語るイノベーションの源泉

ロンといいます。セミ・コロンは，andやbutのような接続詞と同じ役割を果たすので，その後ろには文章がきます。セミ・コロンがandなのかbutなのかは，全体の意味から推測して翻訳することになります。

　コロンの後の部分の訳語を書き入れてみると，

: the zipper,　 the ballpoint pen,　 the aerosol spray can,
　ジッパー　　　ボールペン　　　　殺虫剤のスプレー缶
the tab to open soft drink or beer cans,　and many more.
ソフト・ドリンクやビールのプルタブ　　　その他たくさん

となっています。訳文をつくれば，

「起業家や起業家精神に関する本で述べられている新規ビジネスの非常に大きな比率は，『優れたアイデア』によって成立している。ジッパー，ボールペン，殺虫剤のスプレー缶，ソフト・ドリンクやビールのプルタブ，その他多くの例がある」。

となります。

第4の文章解説
And what is called research in many businesses aims at finding and exploiting bright ideas, whether for a new flavor in breakfast cereals or soft drinks, for a better running shoe, or for yet one more nonscorching clothes iron.

　第4の文章でも，まず，動詞を探してみましょう。すると，be動詞のisと，aimsがあることがわかります。この文章のなかの動詞はaimsなのですが，isが主たる文章の動詞となっていない理由は，whatが関係代名詞になっているからなのです。whatからはじまる関係代名詞の節は「〜するも

の」，あるいは，古い訳し方では「～するところのもの」といった文章になります。つまり，

what is called research in many businesses

は，「多くのビジネスにおいて研究と呼ばれているもの」という意味になります。この文章の単語の意味をあてはめてみると，

And	what is called	research	in many businesses
そして	と呼ばれるもの	研究	多くのビジネスにおいて

aims at	finding	and	exploiting	bright ideas,
～を目指す	見つけること	と	利用すること	優れたアイデアを

whether	for a	new flavor	in breakfast cereals	or
それはたとえば，	のため	新しい味	朝食用シリアル	や

soft drinks,	for	a better	running shoe,
ソフト・ドリンク	のため	より優れた	ランニング・シューズ

or	for	yet one more	nonscorching clothes iron.
あるいは，	のため	さらには，	衣服を焦がさないアイロン

となります。日本文を作成してみましょう。

「そして，多くのビジネスにおいて研究と呼ばれているものは，優れたアイデアを見つけることや利用することを目指している。それはたとえば，朝食用シリアルやソフト・ドリンクのための新しい味のためであり，より優れたランニング・シューズのためであり，あるいは，さらには，衣服を焦がさないアイロンのためである」。

となります。

5時間目　英語②：ドラッカーの語るイノベーションの源泉

ここで段落全体の日本文をつなげて読んでみましょう。

「優れたアイデアにもとづいたイノベーションは，他のすべての分類をあわせて合計したよりも，おそらく数の上で上回る。たとえば，特許を10ごとに取りだせば，そのなかの7ないし8の特許は，ここに属する。起業家や起業家精神に関する本で述べられている新規ビジネスの非常に大きな比率は，『優れたアイデア』によって成立している。ジッパー，ボールペン，殺虫剤のスプレー缶，ソフト・ドリンクやビールのプルタブ，その他多くの例がある。そして，多くのビジネスにおいて研究と呼ばれるものは，優れたアイデアを見つけることや利用することを目指している。それはたとえば，朝食用シリアルやソフト・ドリンクのための新しい味のためであり，より優れたランニング・シューズのためであり，あるいは，さらには，衣服を焦がさないアイロンのためである」。

この文章には，次の文章が続きます。音読してみましょう。動詞には下線を引いておきました。

Yet bright ideas <u>are</u> the riskiest and least successful source of innovative opportunities. The casualty rate <u>is</u> enormous. No more than one out of every hundred patents for an innovation of this kind <u>earns</u> enough to pay back development costs and patent fees. A far smaller proportion, perhaps as low as one in five hundred, <u>makes</u> any money above its out-of-pocket costs.(p.130)

　単語や句の意味で難しいものは以下のとおりです。
Yet　　しかしながら
riskiest　　risky（危険な）の最上級。もっとも危険な。
least　　little-less-leastが「少ない」という形容詞，その比較級，最上級であり，leastはlittleの最上級。もっとも少ない。

2. ドラッカーの英文

source　　源泉
opportunities　　opportunityの複数，機会。
casualty rate　　災害に会う比率，役に立たない特許になる比率。
enormous　　巨大な，非常に高い。
No more than one out of every hundred patents for an innovation of this kind　　この種のイノベーションひとつについて，数百ごとの特許のうちの1つ以下が
earns　　動詞earnの三人称単数現在。生み出す。
pay back　　動詞句であり，支払う，元をとる，支出した分を取り返す。
development costs　　開発コスト。
patent fees　　特許利用料。
as low as one in five hundred　　500にひとつと同程度かそれ以下

　訳文をつくってみると以下のとおりです。

Yet bright ideas <u>are</u> the riskiest and least successful source of innovative opportunities.
「しかしながら，優れたアイデアは，イノベーションの機会としては最も危険で，もっとも成功しない源泉となっている。」

The casualty rate <u>is</u> enormous.
「役に立たない特許になる比率は，非常に高い。」

No more than one out of every hundred patents for an innovation of this kind <u>earns</u> enough to pay back development costs and patent fees.
「この種のイノベーションひとつあたりについて，開発コストや特許利用料として支出した分を取り返すのに十分な稼ぎを得る特許は数百のうちの1つである。」

5時間目　英語②：ドラッカーの語るイノベーションの源泉

A far smaller proportion, perhaps as low as one in five hundred, <u>makes</u> any money above its out-of-pocket costs.
「さらにもっと低い比率で，おそらくは500の特許に一つ以下の割合で，自ら使った費用を上回る利得を産み出す。」

　ここまで読み進むと，ドラッカーは，優れたアイデアによってイノベーションを引き起こすことが極めて難しいと述べていることがわかります。では，どうすれば良いのでしょうか。その点を知りたい人は，ドラッカーの原書を読んでみて下さい。もちろん，日本語の翻訳もすでに出版されています。

・・・

【注】
1）ドラッカー『ドラッカー　20世紀を生きて』日本経済新聞社，2005年，および，ウィキペディア「Peter Drucker」参照。

【参考文献】
岩崎夏海（2015）『もし高校野球の女子マネージャーがドラッカーの「マネジメント」を読んだら』新潮文庫。
Peter F. Drucker, (1985), *Innovation and Entrepreneurship: Practice and Principles*, Harper Business.
ドラッカー（2005）『ドラッカー　20世紀を生きて』日本経済新聞社。

3日目コラム 「ヴェニスの商人」は，実は残念なマネージャーだった？

　私たちの生活やビジネスは，さまざまな「リスク（不確かさの影響）」に囲まれています。そして，企業などの組織がリスクに備えることを「リスク・マネジメント」と言います。現在，リスク・マネジメントのやり方には国際的なルール（ISO）や，それを日本向けにしたルール（JISQ）があり，多くの企業などがそれらのルールに基づいたリスク・マネジメントを行っています。

　そして，リスク・マネジメントのひとつとして，よく活用されているのが保険です。保険は偶然に発生する事故などによって起きる経済的な損失に備え，その損失を補うことを目的とするしくみです。例えば，暴風雨のために船が遭難して壊れてしまい，積み荷も台無しになってしまった時に，あらかじめ保険をかけておけば，船の修理代や台無しになってしまった積み荷の代金分などが，保険金によってカバーされるというものです。

　ひとくちに保険といってもたくさんの種類がありますが，皆さんも損害保険や生命保険といった言葉や，○○海上火災保険株式会社といった企業の名前を聞いたことがあるのではないでしょうか。

　ところで皆さんは，シェイクスピア（William Shakespeare, 1564〜1616）の『ヴェニスの商人』という戯曲をご存知でしょうか。とても有名な作品なので，読んだことがある人も多いと思います。

　イタリアのヴェニス（ヴェネツィア）の貿易商人アントーニオ（ヴェニスの商人）の親友バサーニオは，ポーシャという美しい女性に恋い焦がれています。アントーニオは，バサーニオがポーシャに会いに行くための旅費を調達しようとしますが，あいにくアントーニオは貿易船を航海に出すために多額のお金を使っていました。手元には十分なお金がありません。そこで，アントーニオは高利貸のシャイロックから，もし返せなくなったら自分の肉1ポンドを差し出すという契約でお金を借ります。ところが，アントーニオの船はすべて遭難してしまったとの知らせが入り，アントーニオは借金を返すことができなくなって裁判が行われます。すると法律に詳しかったポーシャが裁判官になりすまし，アントーニオは自分の肉1ポンドを差し出さなければならないが，契約には血を流すことが含まれていないので，一滴の血も流さずに肉を切り取らなければならない，という判決を言い渡してアントーニオの窮地を救います。

シェイクスピアは1590年代に，この戯曲を書いたと考えられていますが，イタリアでは地中海貿易の発展を背景に，1300年代後半には航海の事故による経済上の損失を補う，今日でいう海上保険にあたるしくみが作られていて，貿易商人の間で活用されていました。また，シェイクスピアはイギリス人ですが，イギリスでも1500年代初頭には海上保険のしくみが成立していたと考えられています。

　オランダのリーフデ号の例でも分かるように，当時の航海技術と木造船による船旅には，大変なリスクがつきまとっていました。もし，アントーニオが自分のビジネスに対して，きちんとリスク・マネジメントを行っていたら，借金を返せなくなって裁判にかけられるような窮地に陥ることは，なかったかもしれません。その意味でアントーニオは，ちょっと残念なマネージャー（経営者）だったかもしれません。

　しかし，こんなことを言ってしまっては，熱い友情やラブロマンスが絡んだ，せっかくの作品が台無しになってしまいます。あまり，ヤボなことは言わないほうが良いですね。

　『ヴェニスの商人』については，208〜210ページで「簿記」や「商学」などに関わって，もう一度，詳しくお話します。

【参考文献】
木村栄一（1985）『ロイズ・オブ・ロンドン　知られざる世界最大の保険市場』日本経済新聞社．
鈴木辰紀編著（2000）『保険論　私たちの暮らしと保険（第十版）』成文堂．
東京海上日動リスクコンサルティング株式会社（2012）『図解入門ビジネス最新リスクマネジメントがよ〜くわかる本（第2版）』秀和システム．
庭田範秋編（1989）『保険学』成文堂．
シェイクスピア／河合祥一郎訳（2005）『新訳　ヴェニスの商人』角川書店．

4日目
高校の教科からみた経営学
[Part 3]

1時間目

日本史
日本文化を創り上げた起業家たち

　架空のストーリーやイラスト，お芝居や映画といったコンテンツの創造をもとに，ビジネスを展開する人たちがいます。そうした事業分野をクリエイティブ産業とか，コンテンツ産業と呼びます。農林漁業からなる第一次産業，製造業からなる第二次産業，サービス業，金融・保険業，情報産業からなる第三次産業といった伝統的な産業分類に加えて，まんが，アニメ，ゲームなどが第三次産業のなかのコンテンツ産業に加わり，21世紀をリードする重要な産業分野として注目が集まっています。日本は，優れたコンテンツを産み出し，それをビジネスとして成立させ，世界に輸出してきた国です。松竹と東宝というライバルが存在し，100年以上にわたってクリエイティブな競争を続けています。さらに，江戸時代にクリエイティブな商業活動をプロモートしたプロデューサーである蔦谷重三郎についても紹介します。本書の読者であるみなさんには，まんが，アニメ，ゲームで遊ぶだけではなく，それを制作する側に立ってもらいたいと期待しています。

Keyword:
ゴジラ，ウルトラマン，第五福竜丸事件，米ソ冷戦，CIS，小林一三，東宝，宝塚歌劇団，大谷竹次郎，松竹，歌舞伎座，蔦谷重三郎，黄表紙，洒落本，浮世絵，喜多川歌麿，東洲斎写楽，寛政の改革，山東京伝

1．東宝と松竹

　ゴジラとウルトラマンは，長く日本映画を支えてきました。2016年には，東宝によって『シン・ゴジラ』という作品が第29作目のゴジラ映画として公開されました。同年，松竹からは『劇場版ウルトラマンX　きたぞ！われらのウルトラマン』が公開されました。1998年と2014年にはハリウッド版の映画『GODZILLA』が公開されており，『GODZILLA2』が企画されているとも言われています。ウルトラマンがハリウッド版として制作されることは，あるでしょうか。

　ゴジラは，1954（昭和29）年11月に東宝から劇場用映画として公開されました。この年にゴジラが制作されたのには，ビキニ環礁での核実験と，第五福竜丸事件が背景にあったといわれています。ゴジラは，南太平洋で核実験による放射能を浴びた怪獣が日本に上陸する，という基本的な発想からストーリーが展開していきます。

　世界地図を広げてみると，太平洋上にマーシャル諸島共和国という多数の島から成り立つ国があり，そのなかにビキニ島という島があることがわかります。ハワイとパプアニューギニアを見つけたら，その直線距離の中間のあたりに位置しますので探してみて下さい。アメリカが1940年代後半から1950年代にかけて原子爆弾（原爆）や水素爆弾（水爆）の実験をしたのが，このビキニ島です。このビキニ環礁でマグロ漁をしていた日本の漁船，第五福竜丸が1954（昭和29）年3月1日，アメリカ軍の水爆実験によって発生した多量の放射性降下物（いわゆる死の灰）を浴びたという事件が，第五福竜丸事件です。この遠洋マグロ漁船の乗組員は，死の灰を浴びたことによって同年9月に死亡します。ゴジラが初めて劇場公開されたのは，それから2カ月後の11月です。

　ウルトラマン・シリーズは，ゴジラの誕生から10年以上たって，1966（昭和41）年7月からテレビシリーズとして放映が開始されます。翌年，1967年7月には松竹から劇場用映画として公開されます。ウルトラマン

は，夏休みの子供用映画の定番となっていきます。ウルトラマンは，M78星雲という架空の星雲からやってきた宇宙人であり，地球を怪獣から守る宇宙警備隊員というのが設定です。

1950年代から1960年代は，米ソ冷戦と呼ばれる時代であり，アメリカとソビエト社会主義共和国連邦（ソ連）が，原爆・水爆の開発と宇宙開発を競っていた時代です。アメリカのアポロ計画，ソ連のボストーク計画では，人間を乗せたロケットの打ち上げを行うことを目標にした有人飛行が目指されていきます。宇宙が，遠くにある星ではなく，人間が行き来する場所になった時代ということができます。1989（平成元）年にドイツにおける東西冷戦の象徴であったベルリンの壁が崩壊したのち，ソ連からは1990年にリトアニア，エストニア，ラトビアのバルト三国が独立し，その後，ロシア共和国，ウクライナ共和国をはじめとする国々が独立しました。旧ソ連を構成していた国々は15カ国であり，そのうちバルト三国を除く12カ国がCIS（独立国家共同体，Commonwealth of Independent States）を構成しています。

私たちはゴジラ映画を劇場で観てきました。ゴジラ映画は，東宝という映画会社が上映用フィルムを配給した映画館で上映されてきたのです。つまり，ゴジラを映画館で見た人は，東宝系の映画館で見てきたことになります。ウルトラマン・シリーズの劇場版映画は，松竹という映画会社によって配給されてきました。東宝と松竹は，日本のエンターテインメント産業を支えてきた会社です。この2社は，20世紀の100年間を通じて競争を繰り広げ，都市とその文化のあり方を変えてきた会社です。

2．小林一三と大谷竹次郎

(1) 日清戦争の前後

東宝という映画会社を創業したのは，小林一三という起業家です。小林は，1873（明治6）年，山梨県の商家に生まれました。1888年に福沢諭吉が塾長であった慶応義塾に入塾し，1892年に慶応義塾の正科（現在

の慶応義塾大学）を卒業します。卒業後，三井銀行（現在の三井住友銀行）に就職し，1907年まで勤務します。この間，1894年には日清戦争，1904年には日露戦争があり，日本が中国，ロシアと戦争をして勝利していた時期です。

　松竹という映画会社を創業したのは，大谷竹次郎（おおたにたけじろう）という起業家です。大谷は，1877（明治10）年，京都府に生まれました。双子の兄がおり，その名前を松次郎といいました。松次郎と竹次郎という名前から，松竹という会社名が生まれます。大谷竹次郎は，母方の祖父が所有し，父と母が働く祇園座という劇場のなかの売店を手伝うという少年時代を送ります。小学校へ入学しても，学校へ通うよりも売店を手伝う日のほうが多かったと述懐しています。祇園座は，京都祇園下の花見小路にあり，その売店だけでなく，相撲の興行が行われるときには相撲を見に来る客に，座布団やたばこ盆を賃貸したりする商売も行っていました。

　1895（明治28）年には，日清戦争後の好景気のなかで，父・栄吉が阪井座という京都・新京極にあった劇場のなかの売店の経営権を手にします。翌1896（明治29）年になると，父・栄吉と母・「しも」は，阪井座の興業を行うときの資金出資者である金主（きんしゅ）となります。阪井座という劇場で芝居をする劇団を連れてくるには，資金が必要となるのですが，その資金を出資する3人から5人程度の出資者を，金主と呼んでいたのです。芝居をする劇団への出資者の息子であるという立場から，大谷竹次郎は芝居づくりにかかわり，役者にダメだしをしたり，励ましをしたりしたと言われています。

　小林一三は慶応義塾を卒業したエリートとして社会人となり，大谷竹次郎は小学校で学ぶことも難しい，忙しい商売をするなかで成長していきます。日清戦争の勝利から日露戦争に至る，景気の良い時代が，その背景にはあります。

(2) 転機

　小林一三にとっての転機は，箕面有馬電気軌道（みのおありまでんききどう）という社名の鉄道会社の専務に転職したところからはじまります。1907（明治40）年，小林が34

2．小林一三と大谷竹次郎

歳のときです。

　箕面は，現在の大阪府箕面市となっている地名です。有馬は，神戸市の有馬温泉で有名ですが，鉄道が通ると宿泊客が減るという地元の反対のために箕面有馬電気軌道が有馬温泉まで鉄道を敷設することはありませんでした。箕面有馬電気軌道は，1910（明治43）年に開業し，現在は阪急電鉄（阪急阪神ホールディングス）となっています。

　小林一三の経営手法は，鉄道沿線を開発することによって，乗客を確保していくことにあります。箕面有馬電気軌道が1910（明治43）年に開業する前に，沿線の土地を買収し，同年には宅地の分譲を行っています。土地と住宅という不動産を開発し，それを手に入れた人々は，箕面有馬電気軌道を利用して通勤する，というわけです。この経営手法は，東横線，西武線など，日本国内の私鉄沿線に応用されます。日本には200社を超える私鉄各社が存在し，その数は世界に例をみないとも言われています。世界の多くでは，鉄道が発達していても公共セクターか国営で運営されていることのほうが多いからです。

　小林一三は，1913（大正2）年になると，宝塚温泉への乗客増加のために宝塚唱歌隊を結成し，その後，1914（大正3）年には宝塚歌劇団へと改組，1919（大正8）年には宝塚音楽歌劇学校へと発展していきます。小林と演劇とは，この段階でビジネスとしてつながったと言えるでしょう。

　第一次世界大戦は，1914（大正3）年から1918（大正7）年まで続きましたが，連合国のなかの一国として日本も戦勝国となった戦争です。第一次世界大戦は，ドイツ・オーストリア・オスマン帝国・ブルガリアからなる同盟国と，イギリス・フランス・ロシアを中心とする三国協商を結んでいた連合国という2つの陣営に分かれた戦争でした。その後，アメリカ合衆国，イタリア，日本も連合国側として参戦したので，世界規模の戦争となったのです。敗戦したのは，ドイツ・オーストリア・オスマン帝国・ブルガリアの同盟国です。

　この時期，大谷竹次郎の転機が訪れます。大谷の父親が金主となっていた阪井座の所有者が借金のために阪井座を手放さざるを得なくなったとき，そ

の借金を貸していた高利貸から，竹次郎に対して阪井座の譲り渡しを打診されたのがそれです。その譲り渡し代金は，長期に返済するという約束で，竹次郎は高利貸から阪井座を手に入れます。金主とは，芝居興業が当たれば，その利益を分割するという役割ですが，竹次郎は金主にとどまらずに芝居を行う劇場そのものを手に入れることになります。

　阪井座は，1900（明治33）年12月に歌舞伎座（かぶきざ）と名称をかえて初開場式を行います。歌舞伎座での演目は，「極附播隋院長兵衛（きわめつけばんずいんちょうべえ）」や「忠臣蔵七段返し（ちゅうしんぐらしちだんがえ）」といった歌舞伎の演目でした。その後，1902（明治35）年1月には明治座を開場し，松竹合資会社を設立します。歌舞伎座では，江戸時代からの伝統を持つ歌舞伎劇を，明治座では明治時代の新演劇である新派劇を上演するようになります。25才の頃のことです。

　大谷竹次郎の経営手腕は，京都から大阪において，芝居を上演していた劇場を買収し，人気のあがる劇団による芝居を上演して収入をあげ，その収入によって劇場を購入したときの借金を返していく，というサイクルを確実に繰り返していったところにあります。明治時代・大正時代・昭和時代のそれぞれの時代の人気芝居を行う一座を劇場に招き，そこで観客を集めます。

　劇場の収入は，その座席数と公演回数，観劇券の価格で決まってきます。座席がガラガラになるような人気のない芝居をかければ赤字になることは明らかですが，座席が満杯になっていても黒字にならない可能性もあります。観劇券の収入が，芝居を興行するための費用，つまり，一座の役者に支払われる人件費と舞台の裏方に支払う人件費を上回るようでなければなりません。良い芝居をする役者や一座を見分ける眼を大谷竹次郎は持っていたのでしょう。それは，小学校に入学する前後から芝居小屋と呼ばれる劇場の売店で，たくさんの芝居を観てきたという経験に支えられたものであったでしょう。

(3) 映画への進出

　松竹が映画に進出したのは，大谷竹次郎の末弟であった白井信太郎が「活動写真」と呼ばれていた映画を好んでいたことによります。大谷竹次郎の双

2．小林一三と大谷竹次郎

子の弟である松次郎は，白井家に婿養子に行き，信太郎はその養子となっていたので白井姓を名乗っていました。竹次郎は，活動写真の上映場所として京都・新京極の歌舞伎座を使うと満員になり，東京・浅草六区の活動館（映画館）が軒並みに繁盛していたことから，新しい娯楽としての可能性を感じていたのです。活動写真という呼び方は，古めかしいということになり，1920（大正9）年に松竹キネマ合名会社が設立されます。社長は白井信太郎，相談役として白井松次郎・大谷竹次郎の名前が並びます。松竹は，俳優学校と撮影所を東京・蒲田撮影所につくり，同年11月に映画「島の女」を上映したのです。

小林一三が東京に進出したのは，1927（昭和2）年に日比谷公園前の空き地を購入して，1932（昭和7）年に株式会社東京宝塚劇場（東宝）を設立したことにはじまります。小林の創設した宝塚歌劇団が関西で人気となり，東京でもその公演を希望するファンがいたことから，その興行を東京でも行うためでした。

松竹は合名会社でしたが，1931（昭和6）年には松竹興行株式会社を設立し，1937（昭和12）年には松竹株式会社を創立します。その社長は大谷竹次郎，会長には白井松次郎が就任しました。合名会社は，会社の活動を行うための資金を少数の出資者に限るもので，家族や同族と呼ばれる血縁関係のある者だけが出資をするのが典型的な形態です。第二次大戦前には，三井，三菱，大倉といった財閥企業も，この合名会社の形態をとっていました。財閥には，専門的経営者と呼ばれる血縁関係を持たない経営者層が少しずつ増えていたことが知られていますが，第二次大戦後には，財閥解体が行われて家族による多角化した大企業の所有から分割されて，株式会社に変更されました。

株式会社東京宝塚劇場（東宝）と松竹株式会社（松竹）は，株式会社の形式を採用しています。企業が活動をしようとするときに必要となる資金を限られた経営者層の持つ資金に頼るのではなく，幅広く多数の株主から少額の払い込み金額を多数集めることによって，株主資本を集める形式です。株主は，出資した金額に応じて，配当金を受け取ります。配当金は，企業が1

1時間目　日本史：日本文化を創り上げた起業家たち

年間の活動をしたのちに獲得した利益のなかから，法人税を支払ったのち，利益を分配する形式で株主に対して支払われます。株式会社の獲得した利益は，経営者への報酬，従業員へのボーナス，株主への配当といった形式で分配されるのがふつうです。

　小林一三の率いる株式会社東京宝塚劇場（東宝）は，株式を募集して，日比谷に東宝劇場を建て，日比谷映画劇場，有楽座を建設し，JR有楽町駅周辺の街並みをおしゃれな都会的風景に変えてしまったのです。松竹は，歌舞伎をビジネスとして成立させており，現在でも，歌舞伎役者の子供による襲名披露や結婚式が話題になりますが，これは，歌舞伎という芝居をビジネスとして成立させてきたことによるものです。

　シネコンプレックスとよばれる映画館が日本全国にでき，DVDによる映画コンテンツをTSUTAYAでレンタルし，インターネットのストリーミングや地デジの映画専門チャンネルでアニメ邦画を見るときにも，実は東宝や松竹にお世話になっているのです。今年，流行っているアニメ映画が，東宝によって制作・配給されているのか，松竹によって制作・配給されているのか，チェックしてみて下さい。

3．江戸の起業家たち

(1)　プロデューサーとしての蔦屋重三郎

　小林一三や大谷竹次郎は，明治時代に生まれて大正・昭和にかけて活躍した起業家でした。演劇や映画といった文化産業をビジネスにしてきた点で，共通しています。江戸時代にも，文化を商業化して財をなした人たちがいます。蔦屋重三郎は，そうした人たちのなかのひとりでしょう。レンタルビデオのチェーン店であるTSUTAYAのブランド名も，この蔦屋重三郎を連想させるものです。

　蔦屋重三郎は江戸時代，旧暦の寛延3年1月7日，西暦では1750年2月13日に生まれ，1797年5月31日（寛政9年5月6日）に47歳で亡くなっています。彼は，江戸時代に木版画の技術を使って出版をした版元で

す。現代であれば，出版社の発行人や出版企画のプロデューサーに該当するでしょう。たとえば，講談社，角川書店，新潮社など，文庫本を発行している出版社の代表取締役社長のような立場にいた人です。

　現代の文庫本にあたる江戸時代の流行書は黄表紙とか洒落本と呼ばれ，蔦屋重三郎は当時の流行作家たちの出版をサポートしたのです。出版が可能になったのは，木版画による印刷技術が成立したからです。木の板に文字を浮き出すように彫った版をつくり，それに墨を塗って紙に印刷する，という技術が成立したことにより，原本からの白黒印刷や，浮世絵の場合であればカラーコピーが容易になったのです。

　蔦屋は，喜多川歌麿や東洲斎写楽の浮世絵などもプロデュースし，販売していました。蔦屋重三郎が経営した店舗は，耕書堂という屋号で吉原（現在の東京都中央区日本橋人形町）にあり，その後，日本橋大伝馬町（現在の東京都中央区日本橋大伝馬町）に移りました。高校の日本史教科書を見ると，著名な浮世絵師である喜多川歌麿や東洲斎写楽の浮世絵が写真入りで紹介されています。「ビードロを吹く娘」は歌麿の作品ですし，「市川鰕蔵の竹村定之進」は写楽の作品です。

　歌麿や写楽の芸術的活動をバックアップしていたのが蔦屋重三郎です。喜多川歌麿の作品には女性を題材としたものが多く，2600以上の作品を残しました。東洲斎写楽は，わずか10カ月程度の活動期間しか知られていませんが，その期間に，江戸時代の大衆舞台演劇であった歌舞伎の役者をテーマとして多くの作品を残しました。歌麿や写楽の浮世絵作品は，版画として数多く印刷されて販売されました。その版元，つまり，出版社となったのが蔦屋です。彼は，歌麿や写楽の才能を見出して，流行画家としてプロデュースしたと言えます。歌麿や写楽が描く役者の作品は，上半身にフォーカスして役者の顔が大きく強調されて描かれていることから，大首絵とよばれていました。

(2) **寛政の改革**

　江戸時代の徳川将軍は15代続きました。徳川将軍の5代目くらいまでは

日本史を学ぶなかでも記憶している人は多いでしょう。6代目から15代目までの将軍は，江戸時代初期の将軍に比べて影が薄いのですが，それは，将軍を補佐する大老・老中・側用人といった役職の人々が実際の権力を握っていたからです。

　第11代の徳川将軍は家斉で，彼が1787年に将軍になったことにともなって第8代将軍徳川吉宗の孫である松平定信が老中首座となり，翌年には将軍補佐役となります。松平定信が行った経済政策のことを「寛政の改革」といいますが，その政策の代表的なものは1789年に出された棄捐令でしょう。棄捐令は，武士である旗本・御家人の借金を救済するために，商人である札差からの6年以前の借金（債務）を破棄させたものです。

　1791（寛政3）年になると，徳川幕府は蔦屋重三郎のプロデュースした作家である山東京伝の創作した作品を摘発します。当時，これらの作品は，洒落本・黄表紙と呼ばれましたが，幕府に摘発された蔦屋重三郎は過料（罰金）により財産の半分を没収されました。作家である山東京伝は手鎖50日という処罰を受けました。手鎖とは，江戸時代の刑罰のひとつで，手錠をかけて自宅謹慎をさせるというものです。蔦屋のビジネスは，このころから急速に衰えていきます。蔦屋重三郎は，寛政9（1797）年に47歳で亡くなっているのですが，その後，歌麿も，文化元（1804）年になると，浮世絵「太閤五妻洛東遊観之図」を描いたことを理由として，幕府に捕縛され手鎖50日の刑罰を受けました。この浮世絵は，豊臣秀吉の醍醐の花見を描いたものですが，その題材が，将軍・徳川家斉をからかったものである，とみなされたことによるものです。

(3) 文化産業と時代

　明治から昭和に至る小林一三と大谷竹次郎の活動と江戸時代の蔦屋重三郎の活動を比較してみると，共通点があることに気づきます。それは，私たちが文化と呼んでいる人間の活動は，株式会社や合名会社，あるいは，蔦屋のような個人商店の活動によって支えられている，ということです。映画俳優や映画監督，脚本家や画家（浮世絵師）といった芸術を創造する職業

は，目立つものでもあり，有名にもなりますが，そうした芸術的な活動もビジネスによって支えられることによって新たな展開をしていくことが可能となるのです。

　ドラッカーという著名な経営学者は，企業が収益としてあげる利益を「人間で例えれば呼吸のようなもの」と表現します。企業は収益をあげることによって，新たな活動を行うことが可能になります。人間が呼吸をやめてしまっては生きていけないのと同じです。そして，人間は，呼吸をするために生きているのではありません。企業にとっての利益も同様で，利益だけを目的として活動しているのではありません。人々の記憶に残るようなミュージカルを提供しようと宝塚の俳優たちは思うでしょうし，江戸時代から続く伝統に新たな革新を加えたいと歌舞伎の役者たちは思うでしょう。そうした活動には，資金が必要であり，それをマネジメントする人たちが必要です。

　江戸時代の文化的な事業活動と，明治・大正・昭和における文化的事業活動の違いもあります。江戸時代に比較すれば，明治・大正・昭和・平成と時代が新しくなるにつれて，芸術家とそれを支える起業家たちには，表現の自由が確保されてきたと言えるでしょう。絵画における表現の自由が認められない場合，つまり，警察の力と司法で有罪を決定できる権力を有していれば，画家の活動を制限することは可能です。手鎖50日といった量刑は，江戸時代の三権分立が成立していない状況のもとで，表現の自由を制限するものとして課されてきたのです。

【参考文献】
大谷竹次郎（1957）「私の履歴書」日本経済新聞社編『私の履歴書　第二集』日本経済新聞社，135-166ページ。
刊行會事務局・編纂室（1971）「百人が語る巨人像・大谷竹次郎」『百人が語る巨人像・大谷竹次郎』刊行會，非売品。
笹山晴生・佐藤信・五味文彦・高埜利彦他（2015）『高校日本史』山川出版社。
生島淳（1999）「都市型産業のクリエーター―小林一三と鳥井信治郎―」法政大学産業情報センター・宇田川勝編『ケースブック日本の企業家活動』有斐閣，75-97ページ。
松竹株式会社（1985）『松竹九十年史』松竹株式会社。
田中純一郎（1961）『大谷竹次郎』時事通信社。

2時間目

政治経済③
社会の課題解決に挑む企業Ⅲ
モノづくりで社会の課題解決を目指す若者を支援する町工場

　社会の課題解決に挑む企業の，3つ目のケースとして紹介するのが，株式会社浜野製作所です。この会社は東京の墨田区にある金属加工の町工場ですが，一方でその高い技術力を活かし，モノづくりを通じて社会の課題解決を目指す若者が起業したベンチャー企業の支援事業を行っています。そして，その事業からは数多くの「実践知」（42ページ参照）が生まれ，ユニークなベンチャー企業が育ちつつあります。その様子を見ていきましょう。

Keyword:
町工場，下請け，B to B，プラザ合意，産業の空洞化，生産管理システム，暗黙知，形式知，実践知，知識の創造，人づくり，ベンチャー企業，起業，自分分身ロボット，オープン・イノベーション・プラットフォーム，スタートアップ，垂直軸型マグナス風力発電機，次世代型電動車椅子，モノの作り手のアウトプット

2時間目　政治経済③：社会の課題解決に挑む企業Ⅲ

1．株式会社浜野製作所

　東京の足立区や大田区，墨田区などには，たくさんの町工場があり，その高い技術は世界的にも稀な存在として高く評価されています。しかし，後継者不足や周辺の宅地化・商業地化，東京という場所に伴う高コストといった問題に直面しています。また，町工場には大手メーカーの下請けの仕事が多いために，大手企業による工場の海外移転の影響を受けて，現在では，その数が激減しているのが実情です。

　その中で，ベンチャー企業の製品設計や生産技術の支援を通じて「人」の育成を行い，日本の町工場の技術を守り，発展させることを課題とする異色の企業があります。それが東京墨田区にある株式会社浜野製作所です。

　浜野製作所は1967年創業の金属製品受託生産を行う企業で，プレス・金型加工と呼ばれる技術を用いた量産品や，精密板金加工と呼ばれる技術を用いた試作品，一回あたりの注文数量が少ない小ロットの製品づくりを得意としています。機械メーカーなどを顧客とする，いわゆるB to B (business to business) 中心の企業です。

2．先代の遺訓と火災からの教訓

　現在の代表取締役CEO（Chief Executive Officer）の浜野慶一さんは，先代社長である父親から経営を引き継いだ二世経営者です。はじめ，浜野さんは会社を継ぐ気はなく，大学4年生の時には大手企業の内定を得ていて，そのまま就職するつもりでいました。そんな時，父親からモノづくりの面白さや魅力，自分が注いできた情熱について聞かされます。自分の仕事について，これほどまでに誇らしく，熱く語る父親の姿に心を打たれた浜野さんは大手企業の内定を断り，会社を継ぐ決心をしました。アメリカのドル高を是正するための政策が打ち出され，国内の製造業が大きな打撃を受けるきっかけとなった，プラザ合意の前年にあたる1984年のことでした。

2．先代の遺訓と火災からの教訓

このとき，浜野さんは先代社長から重要なことを聞かされます。

「これからの時代はITや輸送手段の飛躍的な発展によって，国内はもちろん海外との間でも，距離が離れていることはデメリットでなくなる。だから，量産の仕事はコスト面から海外にシフトし，量産にこだわっていたのでは，国内の町工場は大変に厳しい状況に追い込まれることになる」。

「これからの日本の町工場は，長年にわたって蓄積してきた，繊細で精密な，精度の高い生産技術に基づいた少量多品種生産こそが，いちばんの強みとなる」。

いわゆる「産業の空洞化」と呼ばれる問題と，その対応策です。産業の空洞化とは，大手企業が工場を海外に移転してしまうことによって，日本国内での生産や雇用が失われることを指しています。先代社長は早くからその課題に気づいていました。そして浜野さん自身，その言葉を胸に，まずは先代社長から紹介された町工場で技術の習得に励みます。

その先代社長が急逝したのは1993年のことでした。浜野さんは2代目の社長に就任しますが，2000年に大きな試練が訪れます。近所からのもらい火によって工場が全焼し，さらに火災の補償金を支払ってくれるはずだった企業が倒産して，無一文同然になってしまったのです。困り果てていた浜野さんですが，その時に力になってくれたのが，すぐに貸し工場を手配してくれた不動産屋さんなど，浜野さんへの支援を惜しまなかった地域の人々や，ともに再建に力を尽くしてくれた会社のスタッフでした。

火災からの再建の途上で，浜野さんはいくつもの課題を乗り越えなければなりませんでした。まずは会社の信頼を取り戻して受注を増やすために，「一点もの」の試作品作りや小ロットの受注生産といった分野に力を入れると同時に，受注から納品までの期間を極力短くする体制を作り上げて，「短納期の浜野製作所」をアピールします。そして，短納期を実現するために生産工程を徹底的に見直し，新しい生産管理システムを作り上げました（217

2時間目 政治経済③：社会の課題解決に挑む企業Ⅲ

ページ参照）。

　高品質の製品を短期間で製造するために欠かせないのは、何よりも確かな職人さんの腕前です。一人ひとりの職人さんの中には、豊かな経験を通じて蓄えられている熟練の技や勘、ノウハウのような「知識」がたくさん詰まっています。このような知識を「暗黙知（あんもくち）」といいます。これは、例えば教科書に書きあらわしたり、ペーパーテストで力をはかったりするように、文字や数値で表すことが可能な「形式知」といわれる知識とは、タイプが異なります。

　そして、この2つのタイプの知識は相互に作用しながら、より多くの仕事に活かされ、さらに新しい知識が創造されていきます。浜野さんは、その職人さんの持つ様々な知識を増やし、腕前を上げていくためのトレーニングにも力を入れました。

　このような厳しい体験と、力になってくれた人々への感謝から、浜野さんは地域の人々や町工場の間の連携の要となること、そして「人づくり」が自分の企業経営の課題であるという考えを強めていきます。

3．ベンチャー支援事業へ—OriHime の開発支援

　2013年、浜野さんは当時25歳だった吉藤健太朗さんと出会います。吉藤さんは前年にオリィ研究所というロボット開発のためのベンチャー企業を起業したばかりでした。

　OriHime（オリヒメ）と名付けられたロボットの大きさは、現在のモデルで高さがおよそ20cm、幅が17cm。人工知能を搭載しているわけではありませんし、すごいパワーや特殊な性能を持っているわけでもありません。このロボットのコンセプトは「孤独を解消する自分分身（ぶんしん）ロボット」。自分に代わって「分身」が学校の授業に出席したり、職場に出勤して仕事に参加したり、家族や友人と一緒に外出します。自分と分身はネットでつながっていて、自分は離れた場所で、分身に搭載されているカメラやマイクを通じて教室や職場、外出先の様子を知ります。自分はパソコンやスマートフォンで分身を操

作して授業や仕事，外出先での会話などに参加し，時には，あらかじめ登録されているロボットの腕部分のモーションを使って感情を表現することもします。こうして自分は分身を通じて周囲の人々と双方向のコミュニケーションをはかります。

　吉藤さんがOriHimeの試作第一号機を作り上げたのは2010年のことですが，吉藤さんがOriHimeの開発を始めたきっかけは，自身が過去に3年半にわたる不登校と引きこもりを体験したことでした。

　「人はひとりでは生きていけない。人にとって最も耐え難い苦痛は『孤独』である」。

と，吉藤さんは強く感じていました。

　不登校や重い病気で教室にいることができなくても，分身がその場にいることによって自分の存在が周囲に認知され，少しでも人々とコミュニケーションをとることができるなら，つらい孤独を解消することができるのではないか。不登校と引きこもりの体験を持つ自分には，ロボットを通じて，その手伝いをすることができるのではないか。吉藤さんはそう考えていました。

　吉藤さんと出会い，その熱い思いに胸を打たれた浜野さんは，会社近くに部屋を提供し，職人さんとともに製品の骨格となる金属パーツの設計や製造の支援など，本格的な製品化のための協力を行います。また，浜野さんの呼びかけで，近隣の他分野の町工場も協力してくれるようになりました。こうしてOriHimeの製造と普及は本格的に事業化され，製品として世に送り出されるようになりました。

　2016年には，特殊な視線入力キーボードを備えた「OriHime eye」がリリースされ，神経難病のALS（筋萎縮性側索硬化症）などで体を動かせなかったり，言葉を発することができない患者さんのコミュニケーションをサポートする性能が，いっそう向上しました。

　このようにOriHimeは，院内学級をはじめとする遠隔教育や，自宅にい

2時間目　政治経済③：社会の課題解決に挑む企業Ⅲ

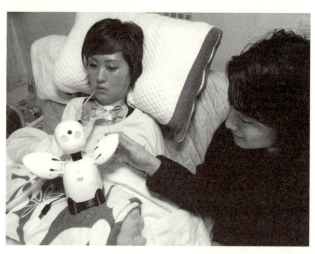

写真1　ALSの患者さんをサポートするOriHime（写真右は吉藤さん）
（写真提供：株式会社オリィ研究所）

ながら会社の仕事を行うテレワーク，病気や障がいを持つ人々のコミュニケーション支援を中心に，その可能性を広げています。そして，2016年，吉藤さんはアメリカの経済誌『Forbes』が選ぶ「アジアを代表する30歳未満の30人」に，テニスの錦織圭選手や大リーグの田中将大選手などとともに選出されました。

「困ったときには浜野さんがいてくれる。その安心感が自分にとって何よりの財産だ」。

と，吉藤さんは語ります。

4．ガレージスミダの開設

吉藤さんと出会った翌年の2014年，浜野さんは工場の一角にガレージスミダを開き，本格的にオープン・イノベーション・プラットフォーム

(Open Innovation Platform）の事業化に乗り出します。これは，アイデアはあっても，モノづくりの技術やノウハウが十分でないベンチャー企業の，スタートアップをサポートする総合支援施設です。3Dプリンターやレーザーカッターをはじめ，最新の工作機械が備えられていて，浜野製作所の職人さんたちの知識と技術が，ベンチャー企業の物づくりの構想から設計，試作，製品化，量産化までをサポートします。そして，ガレージスミダからは着々と実力のあるベンチャー企業が育ってきています。

　そのひとつが2014年に設立され，「垂直軸型マグナス風力発電機」の開発にあたっている株式会社チャレナジーです。

　風力発電機といえば，大きなプロペラが風の力で回っている様子を思い浮かべることが多いと思いますが，このタイプの風力発電機は強風に弱く，一定以上の風速になると故障を防ぐためにプロペラの回転を止め，発電を中止する必要があります。また，効率的に発電するためには風向きと風車の向きを合わせる必要があるため，ヨーロッパのように風向きがほとんど変わらない地域には適しているのですが，日本のような島国では，ひんぱんに風向きが変わるため，十分に発電機の性能を引き出すことができません。そこでチャレナジーはプロペラのかわりに円筒を縦に組み合わせて配置し，それを回転させることで発電機を動かす風力発電機の技術開発を続けています。この方式だと台風のような強風でも発電を中止する必要がなく，風向きの影響も受けにくいという長所があります。そのため，通常の発電ばかりでなく，台風の通り道となりやすい地域や離島環境，災害時の非常用電力供給など，幅広い用途への応用が見込まれています。

　チャレナジーは，2016年から沖縄で開始した実証実験を継続しながら，現在，大型機の開発を進めています。また，2018年5月には，チャレナジーとフィリピン国営石油公社再生エネルギー公社，Natures Renewable Energy Development Corporationの三者間で，「垂直軸型マグナス式風力発電機」のフィリピンでの普及に向けた協業を開始する合意書が締結されました。チャレナジーの技術は海外でも注目を集めています。

　そして，製造技術のアドバイスや設計のレビューに，浜野製作所の支援は

2時間目　政治経済③：社会の課題解決に挑む企業Ⅲ

写真2　垂直軸型マグナス風力発電機
（写真提供：株式会社チャレナジー）

欠かせないものとなっています。

　ガレージスミダと関わりの深い，もうひとつの事例がWHILL（ウィル）株式会社です。この会社が製造するパーソナルモビィリティのWHILLは，次世代型電動車椅子（くるまいす）とも呼べるもので，徹底した顧客重視の姿勢から，ユーザーが感じていた，これまでの車椅子や電動車椅子の不便さや不安を大幅に解消し，電動車椅子の強力な性能アップを追求したものです。

　最初に製品化され，2014年から販売されている「WHILL Model A」は，4輪駆動の採用による走行性能のパワーアップによって，最大10度の斜度の坂道走行や，7.5cmの段差越え，砂利道やでこぼこ道での走行などを実現しています。また，縦方向だけでなく横方向にも回転するオムニホイール（全方位タイヤ）の採用によって回転性能を飛躍的に向上させ，大きく車椅子を移動させることなく，ほぼ，その場で360度の回転ができるなど，画期的性能を持っています。デザインにも工夫を凝らしてスタイリッ

シュなものにし，これまで車椅子での外出をためらっていた人たちの心のバリアを解消して，積極的に外出しようとする気持ちを高めることにも成功しています。

WHILL株式会社は，日産やソニー，オリンパスといった有名企業に勤めていた若手エンジニアやデザイナーが独立して起業したベンチャー企業で，もともと高い開発力を持っていましたが，設計通りの性能を引き出すための製造技術支援や試作，量産化に向けての技術支援を浜野製作所に求め，製品化を果たしてきました。

「浜野製作所の技術力の高さやスピード感，的確な技術支援のコンサルティングがあってこそ，製品化と量産化が可能になった」。

と，WHILLのエンジニアたちは口をそろえます。

2016年にはアメリカ向けのモデルが，FDA（Food and Drug Administration，米国食品医薬品局）から医療機器としての販売認可を取得しました。また，普及価格帯の「WHILL Model C」は，2017年から日

写真3　WHILL Model C
（写真提供：WHILL株式会社）

本での本格的な販売やレンタルが始まり，2018年にはドイツとイタリアで優れたデザインや技術に対する表彰を受け，ヨーロッパでの本格展開も始まりました。

5．浜野さんの思い

　「どんなに精度や性能が高いモノを作っても，世の中の役に立たなければ意味がない。社会の問題を解決できるものでなければ，それは，ただの作り手の自己満足にすぎない。モノの作り手にとってのアウトプットは，世の中の役に立つことだ」。

　「自分の力で社会の様々な課題を解決したいと考えている，たくさんの若者がいる。ベンチャーのスタートアップをめざす若者は高い課題意識を持ち，何かの役に立ちたい，問題解決をしたいという強い意欲に満ち溢れている。だからこそ長年モノづくりの現場にいるものとして，『思いを形にして人の役に立ちたい』と願う若者の手伝いをしたい」。

と，浜野さんは語ります。
　ガレージスミダは，浜野さんが抱く熱い思いのシンボルであり，数々の実践知を創造して形にまとめあげてゆく場であるのです。

- -

【謝辞】
　この「時間」は，株式会社浜野製作所代表取締役CEOの浜野慶一さんとスタッフの皆さん，株式会社オリィ研究所代表の吉藤健太朗さん，株式会社チャレナジー取締役CTOの小山晋吾さん，WHILL株式会社広報マネージャーの辻阪小百合さん，同社営業マーケティング部の木戸奏江さんへの取材をもとに構成しました。また，元法政大学教授の久保田章市先生，法政大学教授の石島隆先生には，この取材のコーディネートにご尽力をいただきました。皆様には，この場を借りて厚く御礼を申し上げます。

3時間目

地理②
地理と産業クラスター

　地理の学習には，地図帳が欠かせません。世界中の情報がコンパクトにまとめられ，また地図帳の出版社もその地域の様子がわかるよう創意工夫をこらしており，地図帳を開くだけで誰もが世界や日本の様子を知ることができます。この「時間」では，地図記号を手掛かりに，日米の代表的な産業集積（特定の地域に産業が集中している状況）とクラスター（特定業種が特定の地域に大学や公的研究機関とともに集積する産地型集積）について考えてみましょう。

Keyword:
地図帳，IT産業，シリコンバレー，産業集積，企業経営史，燕市，三条市，金属産業，中小企業白書，産地型集積，クラスター，M. E. ポーター，4つの要素，ダイヤモンドフレーム，ケンブリッジ・サイエンス・パーク，産学連携，ケンブリッジ現象，イノベーション

3時間目　地理②：地理と産業クラスター

1．アメリカの産業集積

　手元に地図帳を準備してください。地図帳は様々な出版社が発行していますが，その多くがまず地図上の記号の解説から始まり，世界全図，大陸ごとの地図，国別の地図と続き，そして日本地図に続く構成になっていると思います。

　まずは記号の解説を見てみましょう。都市や鉄道，道路，行政機関などを示す記号は，国土地理院発行の地形図で使用されている記号とほぼ同様のものが採用されています。これはどの出版社の地図帳でも同じです。これらの共通した記号以外に，例えば繊維産業を示す糸車，IT産業を示すパソコン，化学産業を示すビーカーなど，様々な産業が一目でわかるように，各出版社が創意工夫をこらした個性的な記号も掲載されています。

　地理の学習において，地域ごとの産業の特徴を把握することは重要なテーマです。どの出版社の地図帳も，様々な業種が一目でわかるようになっています。これらの記号を元に地図帳を読み解き，どの地域にどのような産業があるのかを把握することは，地理を学習する面白さのひとつです。

　それでは具体的な地域を見ていきましょう。アメリカ西海岸が掲載されているページを見てみてください。サンフランシスコの南側，サンフランシスコ国際空港の周辺からサンノゼという都市の周辺まで，IT産業を示す記号があると思います。この地域は「シリコンバレー」と呼ばれ，IT，つまりインフォメーション・テクノロジーを利用したビジネスを行う有名企業が集まっています。アップルやインテル，ヒューレット・パッカード（現在は分社化）などのコンピューターの機械本体の製造に関わる企業，そしてGoogle，Facebookなどのソフトウェアに関連する企業の本社や製造拠点がシリコンバレーに集まっています。このようにある特定の地域に産業が集中している状況を「産業集積」と呼んでおり，シリコンバレーはその典型例といえるでしょう。産業はその製造のために必要となる設備，巨大消費地との距離，原材料の供給地，歴史的な経緯など，様々な要因が融合して成立す

るものであり、なぜこの地域にこの産業があり、そしてその産業が集積するのかということを分析していくと、その地域の特色が見えてきます。

シリコンバレーでIT産業が集積したきっかけには、アメリカ屈指の名門大学であるスタンフォード大学が関わっています。カリフォルニア州スタンフォードに設立されたこの大学は、経営学、工学などを研究する総合大学として、多くの人材を輩出し続けています。第二次世界大戦で軍需産業の育成が必要になり、大学周辺に軍需関連産業が設立されていきました。日本とアメリカとが第二次世界大戦で戦争をしたのは1941年から1945年のことでした。1939年に設立されたヒューレット・パッカードは、元々は計測器を製造するメーカーでした。

戦後、後にスタンフォード大学で教鞭を執ることになるウィリアム・ショックレーは、自らが開発に関わった半導体素子であるトランジスタを産業に活用するために、ショックレー半導体研究所をシリコンバレーに設立しました。シリコンバレーの語源は、半導体の主原料であるケイ素（Silicon）から来ています。こうしてシリコンバレー周辺ではショックレー半導体研究所を出発点に半導体産業が興り、またスタンフォード大学も半導体研究を牽引する大学として技術を提供し、半導体を材料とするコンピューター産業が発展しました。半導体産業の発展のなかでヒューレット・パッカードも、コンピューター製造会社として大きく発展しています。そして関連するソフトウェア産業もシリコンバレーに集まるようになり、IT産業の一大集積地として発展しました。

地理の授業ではシリコンバレーの産業集積の理由を説明する際、アメリカ南部一帯を指す「サンベルト」という用語と関連させ、温暖で過ごしやすく空気が乾燥しており、半導体の工場を設立するのに向いていた、という気候の面から説明することがあります。加えて大学や研究機関の存在、企業の経営史など、その地域の歴史的経緯にも注目してみましょう。企業経営史を整理して産業の発展過程を分析する研究は、経営学において盛んに行われています。

3時間目　地理②：地理と産業クラスター

2．日本の産業集積

　産業集積は，日本にも各地で見られます。地図帳の，新潟県を拡大したページを見てみましょう。新潟県のほぼ中央，燕市と三条市の付近に，特徴的な産業を示す記号があると思います。帝国書院発行の『新詳高等地図』では，燕市に「洋食器」，三条市に「金物」とあります。燕市は「TSUBAME」ブランドを立ち上げ，世界中に洋食器を輸出しています。また三条市で製造される和包丁やフライパンなどの調理器具は品質に定評があり，多くの料理人が愛用しています。写真1と写真2は，新潟県三条市にある株式会社タダフサでの和包丁製造の様子です。

　燕市と三条市は信濃川を隔てて隣接しており，近年はアウトドア用品の製造や，アップル社の製品の鏡面仕上げを行うなど，金属加工全般を扱う産業集積になっています。ここに上越新幹線を建設する際は両市の中間点に駅が

写真1　新潟県三条市　株式会社タダフサでの和包丁製造の様子①
（2017年5月5日，筆者撮影）

2. 日本の産業集積

写真2　新潟県三条市　株式会社タダフサでの和包丁製造の様子②
（2017年5月5日，筆者撮影）

設置され，燕三条駅と命名されました。帝国書院の地図帳において「洋食器」と「金物」と記号を使い分けているのは，発展のきっかけとなった産業が明確になるようにしているものと思われますが，実際には金属産業全般が混在するようになっています。今回は燕・三条と表記して，この地域全般について考えていきましょう。

　新潟県中部の地域に金属産業の集積が起こったのはなぜでしょうか。現在この地を訪れてみると，広大な越後平野が広がり，信濃川などの水資源にも恵まれ，稲作を中心とした一大穀倉地帯となっています。この信濃川およびその支流は大変な暴れ川で，治水が不十分であった江戸時代までは洪水が頻発し，新田開発には限界がありました。そこで江戸時代前期に，農業の副業として和釘の製造を始めたのが，金属産業の始まりとされています。この和釘は信濃川の舟運を利用して江戸に運ばれ，巨大都市の建設を推進しました。

和釘の生産で金属産業が起こった燕・三条ですが，やがて転機を迎えます。幕末の開国後，欧米の技術を元に洋釘生産が広まり，和釘生産は衰退してしまいました。燕・三条地域には鎌や鍬などの農機具生産の伝統があり，そして江戸時代後半より広がり始めていた鎚で銅を加工する高度な金属加工技術を元に，新たな製品作りに着手します。特に煙管の生産では圧倒的なシェアを誇り，燕・三条の金属産業は継続しました。煙管は，細切りにしたタバコを吸うための日本式のパイプです。しかし第二次世界大戦により贅沢品の統制が始まり，戦後には紙巻きたばこが広がり，煙管は衰退します。再び苦境に立たされましたが，今度は輸出用の洋食器生産に活路を見出し，現在に至ります。燕・三条は金属加工を土台に，その時代に求められる商品生産に次々と切り替えていくことで，現在も金属産業の街としてその名前が知られるようになったのです。実はこの経緯は，産業集積のメリットを考える上で大変興味深い事例となるのですが，そのことは後述します。

3．同業種が集まるクラスター

　『中小企業白書（2006年度版）』では，産業集積の形態を「企業城下町型集積」「産地型集積」「都市型複合集積」「誘致型複合集積」と分類して検討し，集積のもたらす効果を戦略的に活用することについて提言を行っています。「企業城下町型集積」とはある大企業が生産を行い，それに関連する企業がその周辺に集まる産業集積で，トヨタ自動車を中心に関連企業が集まる愛知県豊田市がその典型例です。「産地型集積」は特定業種が特定の地域に集まるもの，「都市型複合集積」は大消費地である都市周辺に産業が集まるもの，「誘致型複合集積」は工業団地などの事業地を自治体が整備し，産業を集めたものになります。産業集積の形態を分類する際には様々な方法が用いられており統一した分類法はないのですが，中小企業白書で採用された分類法は，様々な産業集積の形態をほぼ網羅したものといえるでしょう。
　この分類の基準をシリコンバレーや燕・三条にあてはめると，いずれも特定業種が特定の地域に集積する産地型集積と位置づけられます。この産地型

集積が起こっている状況を「クラスター」と名付け，企業の経営戦略，さらには国家間の産業競争において有効に機能していることを分析したのが，アメリカの経営学者M. E.ポーター（Michael E. Porter, 1947〜）です。クラスターとは本来は「（ブドウやサクランボなどの）房」あるいは「群れ，集団」という意味です。同業種に関わる企業や研究機関が地理的に近い場所に集まる様子は，まさにブドウの房のようですね。

　ポーターはただ単に同業種が集積すればよいわけではなく，そこに4つの要素があり，それらが相互に補完し合う関係が成立していることが，クラスターが有効に機能する条件であるとしています。4つの要素とは「要素条件」「需要条件」「関連産業・支援産業」「企業戦略および競争環境」のことです。

　「要素条件」とはその産業に関わる資源や高度な人材の確保がなされているか，という生産の条件を指します。「需要条件」とはその産業によって生産される商品に対しどのような需要があるか，ということであり，より高い要求水準を持つ顧客がいることが望ましいとされています。「関連産業・支援産業」はその産業に向けた優れた設備や部品などを供給する関連業者，または産業を支える研究機関や自治体を指し，シリコンバレーにおけるスタンドフォード大学やその他多くの大学，燕・三条では各自治体の商工会議所や，自治体や関連団体が出資して設立された燕三条地場産業振興センターなどが該当します。「企業戦略および競争環境」とはその集積地における企業が適正に経営され，お互いに競争し，またその競争が適正に行われるようなルール作りが進んでいるか，ということです。

　この4つの要素はそれぞれに相互作用しお互いを高めていく関係にあり（225〜226ページ参照），例えば高い技術水準を要求する「需要条件」があれば，より良い製品作りを目指す「企業戦略および競争環境」が整い，競争環境は「関連産業・支援産業」との強固な連携を求めます。この4つの要素が相互に作用する状況は図1のようになり，その形状から「ダイヤモンドフレーム」と呼ばれています。

　シリコンバレーや燕・三条は，その地域の歴史的背景や気候などの要素に

3時間目　地理②：地理と産業クラスター

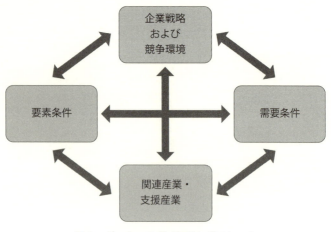

図1　ポーターのダイヤモンドフレーム
（ポーター（1999），83ページを元に筆者作成）

よって，産業集積を形成しました。今日では，国家の産業育成の手法として戦略的にクラスターを設定し育成しようという活動が，世界中で見られます。その早い時期の代表例としては，イギリスのケンブリッジ大学周辺に整備された「ケンブリッジ・サイエンス・パーク」があげられます。名門総合大学であるケンブリッジ大学の理系分野の研究を中心に，1970年代から大学と企業の連携（これを産学連携といいます）を進め，クラスターを形成して「ケンブリッジ現象」と呼ばれるほどの成功をおさめました。地図帳のイギリスのページを開いてみましょう。ロンドン北東部，ケンブリッジ周辺に電子機器を中心とした記号が見られますが，その産業集積の牽引役はケンブリッジ大学でした。

　やがてポーターが検証したクラスターの効果を，成長戦略に取り入れる国々が出てきました。日本でも経済産業省や地方自治体を中心に産業クラスター構想が進められ，北海道ではIT産業やバイオ産業，九州では半導体産業のクラスター構想が推進されています。さてその成果はどうなっているでしょう。地図帳を元に集積している地域を把握し，行政が公表する産業に関連するデータを調べてみてください。そしてポーターの論を元に検証してみ

ると，より踏み込んだ地域研究を行うことができるでしょう。

4．クラスターが起こすイノベーション

　経営戦略において，特定の地域に産業を集めることは決して目新しい戦略ではなく，歴史上，商業活動が起こった頃から世界中で行われてきたことです。日本史に例を取れば，平城京において設置された「市(いち)」もその一種であり，京の人口を支えるために欠かせない施設でした。また戦国時代に戦国大名たちが城下町に商人たちを呼び寄せたのも同様です。明治維新後の近代化とともに始まった国家主導による京浜・阪神・北九州の工業地帯の整備は，電力や下水などのインフラの共有，原材料調達の効率化など，産業集積がもたらすメリットを理論的に分析し，進められてきました。

　では，産業集積の中でも特に同業種を集めるクラスターは，どのような点で画期的なのでしょうか。ポーターは「イノベーション」を起こす上での優位性があると指摘しています。イノベーションとは経営学において極めて重要な概念であり，本来は様々な要素について考慮しながらその言葉の意味を把握していかなければならないのですが，あえて簡潔に述べると，「顧客に価値をもたらす新しい製品やサービス，生産手段，ビジネスの仕組みと，それらを創出していく過程のこと」となるでしょうか（81〜82ページ参照）。燕・三条を例に，クラスターによってイノベーションを起こす優位性について考えてみましょう。

　前述のように，燕・三条は第二次世界大戦を契機に，煙管などの高級金属加工品が衰退し，苦境に立たされました。しかし戦後，外貨獲得のために輸出向けの商品開発が日本中で奨励されると，洋食器という新たな商品の開発が進みました。これまで日本国内では顧客がほとんどいませんでしたが，高度な金属加工技術をもとに，商品に価値を見出す新たな顧客を海外で掴んだといえるでしょう。そして大量の商品発注に対しても，多くの企業が協同して対応しました。これを可能にしたのは，燕・三条に同業種が多数集まっているクラスターの状況に他なりません。クラスターが成立していたからこ

そ，新しい価値を創造し，対応することができたのです。

　燕・三条の金属加工について，ポーターの「ダイヤモンドフレーム」をもとに考えてみましょう。燕・三条では洋食器生産の拡大とともに，調理器具の製造が盛んになります。1948（昭和23）年に創業した株式会社タダフサは，優れた鍛造（たんぞう）技術を元に鎌，漁業用刃物を手がけ，やがて調理用包丁の製造に取り組み，その製品は世界中の料理人から愛用されています。この会社の発展は，顧客により良いものを提供しようとする会社の精神とともに，燕・三条の環境が欠かせません。江戸時代の和釘生産の頃から金属加工に携わる同業種が隣接し，競争してより高い鍛造技術を目指した結果，鋭い切れ味を誇る和包丁や，鉄板が薄く極めて熱効率の良い中華鍋などが作られる地域になりました。クラスターの4つの要素のひとつである「企業戦略および競争環境」が活性化しました。

　燕・三条で競争により高い金属加工技術が発揮されるようになると，燕・三条の包丁は素晴らしい，と多くの顧客が注目するようになり，「需要条件」が活性化します。世界中の料理人の目にとまることで要求水準がより高まり，海外での使用頻度の高い大きなシェフナイフや，皮むきなどに使用する刃渡りの短いペティナイフなど，さまざまな要求が出てきました。燕・三条の企業はそれらに応えるべく技術を研究し，よりよい製品作りに努めました。こうして顧客に対して新しい価値をもたらす過程，つまりイノベーションが起こっていったのです。この過程はまさにクラスターの状況を示していますが，ポーターがクラスターにおけるイノベーションを指摘するはるか昔，江戸時代からイノベーションの歴史を受け継いでいることは大変興味深いですね。

　実はクラスターは，ときには企業間の横並び思考を生む可能性も指摘されており，ポーターは適正な協同と競争を常に成立させ，イノベーションを起こし続けることが必要であると述べています。成功しているクラスターは，必ずイノベーションを継続する仕組みを持っています。シリコンバレーではIT産業で先行して成功をおさめた大企業が出資し，新たにIT産業に参入したベンチャー企業を支援する仕組みがあります。大企業も利益を独占する

のではなく，シリコンバレーで新たな取り組みにチャレンジする人材を育成し，この地域で常にイノベーションを起こす環境を維持することの重要性を理解しているのです。こうしてIT産業を興したいのならばシリコンバレーへ，という状況ができあがり，世界中から優秀な人材を集め，今も他の地域との競争に勝ち続けています。

　燕・三条は他の地域にはまねのできない高度な技術を常に維持しています。時代は絶えず変化し，その時代には必要とされた商品も，やがては無用のものとなる時代が必ずやってきます。しかし，燕・三条は企業間で協同と競争を維持し，高度な金属加工技術を維持し続けました。こうして新しい時代が要求する製品にすぐ対応することで，常にイノベーションを起こしてきました。時代が求める商品を燕・三条が作り続けることで，その時代の生活を豊かにすることに貢献している地域であるといえるでしょう。

　さて，今回はシリコンバレーと燕・三条を中心にお話を進めてきましたが，地図帳には他の地域にも様々な産業集積を示す記号があります。それぞれの地域についても，ぜひ経営学の観点からも調べてみましょう。

【参考文献】
クリステンセン／伊豆原弓訳（2001）『イノベーションのジレンマ　増補改訂版』翔泳社。
中小企業庁（2006）『中小企業白書　2006年版』中小企業庁。
帝国書院（2015）『新詳高等地図』帝国書院。
ポーター／竹内弘高訳（1999）『競争戦略論Ⅱ』ダイヤモンド社。
森下昌美編著（2016）『新版　観光マーケティング入門』同友館。

4時間目

数学②
将来を予測する

　ビジネスの課題のひとつは，消費者の行動を理解し，将来の行動をどのように予測するか，ということです。そのためには消費者がモノやサービスをどのように購買しているか，自社のホームページや広告にどのような人がいつアクセスしているか，というようなデータを集めて分析し，そのうえで次の企業活動に繋げていきます。

　数学①の「時間」では2乗の計算を中心に学習してきましたが，ここでは2乗の計算を応用することで，将来を予測する方法を学ぶことにします。具体的には単回帰分析という手法を学びます。高校で学ぶ数学に加え，大学で学ぶ数学もちょっと出てきますが，がんばって読んでください。

Keyword:
消費者行動，予測，単回帰分析，最小二乗法，直線 $y = a + bx$，切片，傾き，回帰直線，散布図，理論値，測定値，残差，二乗和，平方完成，微分，接線の傾き，偏微分

4時間目　数学②：将来を予測する

1．回帰直線

　単回帰分析というのは，ひとつの説明変数 x を用いてひとつの目的変数 y を予測するもので，その関係式を $y = a + bx$ の形で表します。

　例えば，それまでの多くの生徒のデータから，定期テスト前の1週間に，家庭での数学の総勉強時間 x と，テストの点数 y の値の間に，$y = 20 + 5x$ という関係式が成り立つことがわかったとします。この関係式を使えば，定期テスト前に家庭で全部で14時間勉強すれば，$y = 20 + 5 \times 14 = 90$ と計算することによりテストの点数が90点となることが予測でき，テスト前に2時間しか勉強しなければ，同様の計算により，テストの点数は30点となることが予測できます。x を用いて y を予測することができるのです。

　$y = a + bx$ という式は，中学や高校で学んできた直線の方程式のことであり，回帰直線と呼びます。なお，中学，高校では直線の表し方を $y = mx + n$ の形で学んだ人が多いと思いますが，統計学の多くの教科書では $y = a + bx$ の形で書かれていることが多いので，本書でもこの形で説明していきます。

　まず直線 $y = a + bx$ について復習しましょう。（図1）

　a の値を切片，b の値を傾きといいます。切片とは，x の値が0のときの y の値のことで，グラフでは y 軸と直線との交点の y 座標を表します。傾きとは x の値が1増加したときの y の変化量を表します。傾き b が正の数のとき直線は右上がりの直線，傾き b が負の数のとき直線は右下がりの直線となります。

　ではデータから，回帰直線の方程式はどのように求めれば良いでしょうか。

　図2を見てください。このようにすべてのデータをプロットした図のことを散布図といいます。この散布図からは，データが何となく右上がりの直線に近似できそうな関係があるように見えます。回帰直線とは，すべての点に最も近くなるような直線のことです。

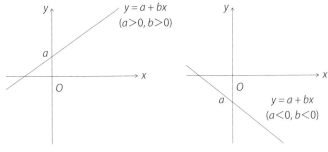

図1　直線 $y = a + bx$ のグラフ

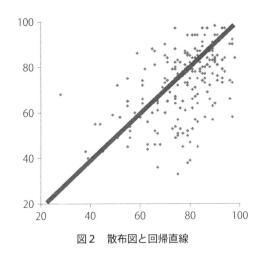

図2　散布図と回帰直線

2．最小二乗法

　この回帰直線の方程式を，最小二乗法という方法で求めることにします。

　まず実際のデータが，(x_1, y_1)，(x_2, y_2)，(x_3, y_3)，……，(x_n, y_n) のように n 個あり，このデータの回帰直線の方程式が $y = a + bx$ であるとします。

　もし，この回帰直線の通りにデータが存在したとすれば，y の各値はこの直線の式に x の各値 x_i を直線の式に代入して得られる値 $y'_i = a + bx_i$ の値になるはずです。この直線の式で得られる y'_i と，実際に測定して得られる y_i

4時間目　数学②：将来を予測する

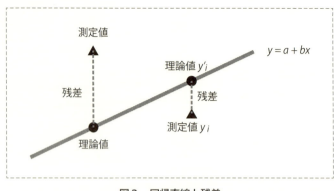

図3　回帰直線と残差

との差の絶対値$|y_i - y'_i|$を残差といいます。（図3）
　この残差の合計が最小となるようにaの値とbの値を設定すれば良いのですが，前の項で分散を考えた時と同じように，絶対値は扱いにくいので2乗の値を使うことにします。
　つまり，$\sum_{k=1}^{n}(y_i - y'_i)^2$の値が最小となるような定数$a$と$b$の値を求めれば，回帰直線$y = a + bx$を得ることができると考えるのです。
　それでは，具体的な例題を使って回帰直線を求める方法を学び，実際に将来を予測してみましょう。
　表1は，ある店舗における，広告費と新規顧客数の関係を表したものです。例えば，10月は，2万円の広告費を投入して300人の新規顧客を得たことを表しています。
　この店舗で，2月に広告費を8万円投入した場合の新規顧客数を予測するのが課題です。
　まず座標平面上に4点（2, 3），（4, 7），（7, 10），（3, 4）をとります（図4）。この4点に関する回帰直線を$y = a + bx$とおきます。
　このとき，測定値（2, 3）について言えば，$x = 2$のときに回帰直線により推定されるyの値（理論値）は$a + 2b$です。従って$x = 2$のときの残差は$|3 - (a + 2b)|$です。

2．最小二乗法

	広告費（万円）	新規顧客数（百人）
10月	2	3
11月	4	7
12月	7	10
1月	3	4

表1　ある店舗における広告費と新規顧客数の関係

さらにほかのxの値に関する残差は$|7-(a+4b)|$，$|10-(a+7b)|$，$|4-(a+3b)|$となりますので，残差の二乗和Sは次のように求められます。

$$S = |3-(a+2b)|^2 + |7-(a+4b)|^2 + |10-(a+7b)|^2 + |4-(a+3b)|^2$$
$$= 4a^2 + 32ab + 78b^2 - 48a - 232b + 174$$

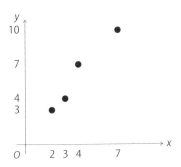

図4　表1における4点の座標

この式は，直線$y=a+bx$の，aとbの値が決まると，残差の二乗和Sの値が決まることを意味しています。したがって，直線$y=a+bx$がデータに対して最適なものであるならば，残差の二乗和Sの値が最小となるはずです。

Sの値を最小とするようなa，bの値はどのように求めれば良いでしょうか。

ここで，2次関数$y=x^2-2x+4$においてyの値が最小となるxの値をど

4時間目　数学②：将来を予測する

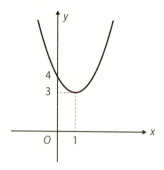

図5　2次関数 $y = x^2 - 2x + 4$ のグラフ

のように求めたかを復習します。

　高校1年次だと，与えられた式を $y = (x-1)^2 + 3$ と平方完成して頂点が $(1, 3)$ であることを求め，$x = 1$ のとき，y の最小値が3であることを求めます。（図5）

　高校2年次だと，接線の傾きを求めることができる微分を学びます。2次関数のグラフの頂点では，接線の傾きが0になることを利用して，

　　微分して $y' = 2x - 2$
　　接線の傾きが0となるときは $2x - 2 = 0$　∴　$x = 1$

このように微分を使うことで，y の値が最小となる x の値は1であることを求めることができます。

　さて，話を残差の二乗和に戻しましょう。いま直面している問題は，

　　$S = 4a^2 + 32ab + 78b^2 - 48a - 232b + 174$

において，S を最小にする a，b の値を求めることでした。ただ，この関数は a と b の値から S の値を求めるという，高校の教科書には載っていないタイプのものです。そのため，最小値を求めるには，高校の教科書には載っていない道具を使います。それは，偏微分というものです。

　偏微分の計算じたいは，とても簡単です。特定の文字以外は定数だと思って微分します。

例えば，$z = x^2 - 3xy - y^3$ とするとき，この式を x で微分したものを $\dfrac{\partial z}{\partial x}$，$y$ で微分したものを $\dfrac{\partial z}{\partial y}$ と表すことにすれば，それぞれ次のように計算します。

$$\dfrac{\partial z}{\partial x} = 2x - 3y \qquad \dfrac{\partial z}{\partial y} = -3x - 3y^2$$

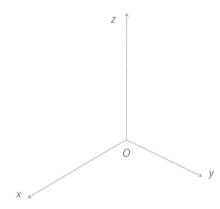

図6　x 軸，y 軸，z 軸による座標空間

　$z = x^2 - 3xy - y^3$ という式は，座標空間において，x 座標と y 座標を決めると，z 座標がきまるようなグラフ（曲面）を表します（図6）。座標空間については，数学Bの空間ベクトルで学んでいると思います。

　さきほどの「微分」が，接線の傾きを求める関数を表していたのと同じように，偏微分は $\dfrac{\partial z}{\partial x}$ は，その曲面についてある値 y_0 を固定した時の x 軸方向の接線の傾き，$\dfrac{\partial z}{\partial y}$ は，ある値 x_0 を固定した時の x 軸方向の接線の傾きを求める関数となります。

　では，いよいよ S を最小にする a，b の値を求めることにしましょう。

4時間目　数学②：将来を予測する

　残差の二乗和 $S = 4a^2 + 32ab + 78b^2 - 48a - 232b + 174$ において，$\dfrac{\partial S}{\partial a}$, $\dfrac{\partial S}{\partial b}$ を考えます。$\dfrac{\partial S}{\partial a}$ は S の a 軸方向の接線の傾き，$\dfrac{\partial S}{\partial b}$ は b 軸方向の接線の傾きを表します。S が最小値となるためには，どちらの接線の傾きも0にならなければなりません。よって，偏微分したあとに連立方程式をたてることができます。

$$\dfrac{\partial S}{\partial a} = 8a + 32b - 48 \qquad \therefore \quad 8a + 32b - 48 = 0$$

$$\dfrac{\partial S}{\partial b} = 32a + 156b - 232 \qquad \therefore \quad 32a + 156b - 232 = 0$$

　この連立方程式を解くと，$a = \dfrac{2}{7}$, $b = \dfrac{10}{7}$。すなわち，求める回帰直線 $y = a + bx$ は，$y = \dfrac{2}{7} + \dfrac{10}{7}x$ と定めることができます。

　最後に広告費を8万円投入した場合の新規顧客数は，この直線の方程式を使えば，$\dfrac{2}{7} + \dfrac{10}{7} \times 8 = \dfrac{82}{7} = 11.71\cdots\cdots$ となります。表1に示した新規顧客数が百人単位であったことから，およそ1170人と予測することができます。

【参考文献】
金谷健一（2003）『これならわかる応用数学教室』共立出版。
東京大学教養学部統計学教室（1994）『人文・社会科学のための統計学』東京大学出版会。
東京大学教養学部統計学教室（1991）『統計学入門』東京大学出版会。
豊田秀樹（2012）『回帰分析入門』東京図書。
沼上幹（2015）『一橋MBA戦略ケースブック』東洋経済新報社。

5時間目

国語③

国語の入試問題（現代文），そしてその先へ

　大学生になって経営にかかわる文章に触れるためには，大学へ進学をしなければなりません。つまり，大学の入試問題を解くことが，高等学校における学習のひとつの目的となりえます。高校での学習目的の全てが大学入試に関わるものではありませんが，大学に入学するための関門として，どのような形であれ，入学試験が存在することは厳然たる事実であり，これを避けて通ることはできないのです。

　この「時間」では，実際に大学の入学試験に出題された文章を例に，経営学と国語の関係について，考えを深めていきましょう。

Keyword:
幅広い教養，応用，アプローチ，論証，論文，レポート，発見，興味関心，機微

5時間目　国語③：国語の入試問題（現代文），そしてその先へ

1．経営分野の学部の入試問題といえども

　どのような文章を入学試験の国語の問題として課すかという点については，それぞれの大学・学部・学科，入学試験の形式によって異なっています。経営関係の分野（学部・学科）に進もうとするならば，国公立・私立を問わず，国語は試験としてほぼ課されることになっており，中でも，評論分野は"must"（必須課題）と考えてよいでしょう。では，経営学関連の学部・学科に進もうとするとき，そこで出題される現代文（評論）はどのようなものでしょうか。

　そのような観点で見てみると，確かに，経営に関する文章というのは，他の学部に比して多く出題される傾向にあることが認められます。あえて列挙はしませんが，例えば，青山学院大学経営学部（2013）では櫨浩一氏『日本経済が何をやってもダメな本当の理由』，また新潟大学経済学部（2016）では藤本隆宏氏『現場主義の競争戦略　次代への日本産業論』など，（日本の）経済構造や経営戦略を論じた文章が扱われています。そしてそこでは設問も，経営に比較的寄り添った形で出題されています。それは当然といえば当然でしょう。しかし，それらが経営学系学部の入学試験において出題される評論の多数派であるかといえば，決してそうではありません。中には評論文を二題出題する大学も一定数存しますが，そのような大学では，少なくとも一題は経営分野以外の文章が出題されています。もちろん，二題とも経営系以外の文章が出題される大学も多いのです。要するに，経営系の学部・学科であっても，ほとんどの大学において，哲学・思想・文化・社会・芸術・自然科学等，幅広い分野の文章が出題されているのです。

★読んでみよう★

> 櫨浩一『日本経済が何をやってもダメな本当の理由』より
> 　比較優位の理論の説明の中には，有名な「タイプも上手な弁護士」のたとえ

話がある。それによれば，町で一番有能な弁護士が，同時にタイプも町で一番うまいというときに，この弁護士は自分で書類をタイプするべきではなく，自分より能率が悪くても秘書にタイプをさせて，自分は法律問題に集中するべきだというのだ。

このたとえ話には多くの人が納得するだろうが，比較優位の理論ほど実社会では誤解されたり，無視されたりしているものも少ない。高名な経済人が，比較優位についてとんでもない間違いをいうのを何度も聞いたことがあるし，貿易の話になると，国際分業という発想はすっかりどこかに飛んでいってしまい，何でも国内で生産して海外に売った方がよいと考える人が多いのだ。

……中略……

貿易立国とは，国内では自国が得意な産業や輸入が困難な産業に特化し，不得手なものは海外に任せることをいう。自国が得意な製品を輸出して稼いだ資金で，海外から国内生産に向かない多くのものを輸入して，日本に住む人々の生活を豊かにする。輸出だけでなく輸入も，今よりもっと盛んになる。これが本当の意味での貿易立国の姿なのだ。

藤本隆宏『現場主義の競争戦略　次代への日本産業論』より

そこであらためて必要なのは，本社の戦略構想力の強化です。残念ながら近年，日本の大企業には「強い現場，弱い本社」という傾向がありました。こんな状態で，良い現場をどんどん海外に移したら，長期的には日本の生産性が下がってしまいます。

むろん，グローバル化の時代ですから日本企業の多国籍化は当然の流れであり，世界の雇用や産業に貢献しているという点では，それは良いことです。

しかしながら，海外の雇用に貢献する会社は，その国の政府の支援を受けるのが筋でしょう。国民の税金を使って重点的に支援すべきは，当然ながら，国民の雇用や所得に貢献する企業でなければ筋が通りません。

……中略……

グローバル競争は厳しく，国内産業の栄枯盛衰も避けられません。しかし一方では，逆境にめげず「良い現場」を作っている人々がいます。その現場力を見抜ける企業があれば，日本の産業とそこで働く生活者にとってはベストの成長戦略につながります。

※ 「比較優位」「現場力」など，日頃から意識していないと見逃してしまいそうな観点が提示され，そこからそれぞれ論が展開されているわけですが，大切なのはもちろん，そのような言葉・理論を知っているかということではなく，そのような概念に仮に初めて出会ったのだとしても，その概念がどのように論理的に論じられているのか，課題として問われているものは何なのかを素早く，的確に見抜き，その課題に対する理解を，自分の知識を総動員して，確信を持って展開できるということなのです。

2．大学はどのような学生を求めているか

では，なぜ大学は評論問題において，出題する文章を専門分野（経営）に特化させないのでしょうか。

この点については，これまでにしつこいほど述べてきましたが，要するに大学が求める学生とは，その時点である程度専門の知識はあっても，それ以外の分野には応用の利かない人材ではなく，「国語」的な観点でいうならば，ある程度専門性では劣っても，幅広い教養を身に付け，いろいろな分野に応用が利く人材を求めているのだと言えるでしょう。確かに，そのような学生は大学での学習・研究という点では，スタート時点では若干出遅れるということはあるかも知れません。単に専門知識の有無ということで言えば，専門知識はあった方がいいに決まっているのです。しかし，そのような差（遅れ）があったとしても，そんなものは大学での本格的な学習が始まればすぐに埋まってしまうものですし，一般的に言って，幅広い教養を持った学生の方が，結局最終的には，大きく伸びるものなのです。

そうであってみれば，今なすべきことは，多くの本を読むことです。多方面にわたる本を，できるだけたくさん読むこと。とにかく多くの本を読むこと。そして，重要なのは「多方面にわたる」本を読むということ。ここでは「経営」ということを一度忘れて，知識・教養の裾野を大きく広げることを目指すべきでしょう。知識・教養の裾野を広げ，いろいろな事象・状況に出食わしたときに，なにか「ピン」と思い当たることができる，感受性・気づ

きのセンサーの獲得，上述したところの「アンテナ」を構築し，その感度を磨き，向上させてゆくことが重要です。大学の学部は，その点を意識し，自覚している学生を求めていると言えるでしょう。

＊皆さんが進学を希望する個別の大学の出題傾向については，過去に出題された問題に具体的にあたり，確認してみてください。単なる出題傾向ばかりでなく，その大学がどのような学生を求めているのかという「ポリシー」も，きっと見えてくることでしょう。

3．あらためて，国語と経営学

　経営学を学ぶために「国語力」が必要であることは論を待ちません。何かを理解しようとするときに，最も有効かつ最大の手段が「言語」に他なりません。私たち日本人にとっては，それが母語としての国語（日本語）なのです。しかし，その学びの過程において，経営学だけが国語力を必要としているというわけではもちろんありません。

　大学で学ぶすべての分野で求められるものが「国語」であり，高校生が身につける「国語力」です。それは全ての学問の基礎であり，あらゆる人間活動の根底にあると言ってよいでしょう。どの分野を目指そうとも，どの分野に進もうとも，必ず，絶対的に求められるのが，「国語力」です。そうであるとすれば，何よりもまずは国語力を鍛え上げる努力をするべきでしょう。大学の入学試験も，受験生の，まさにそのような力を試すものなのだと言ってよいのです。

　評論・小説・随筆，分野を問わずたくさんの文章に触れることは，高校生にとって重要な課題です。もちろん，たくさん読めばそれだけでよいということではありません。頭を働かせながら，考えながら読むことが大切です。

　では，どのように「考える」べきでしょうか。小説には小説のアプローチが，評論には評論のアプローチがあります。人間の心の機微が，どのような形で表象されているのか，ある命題に対する論証過程が無理なく論理的・合理的に展開されているのか。心の機微の表出には，どのような表現手法が適しているのか，論理性はどのような言語操作・文章構成によってより有効に

実現できるのか。そのような理解・思考方法に習熟することが求められるのです。

漠然といろいろな文章を読むことによっても，「読む」という行為自体の効能として，読解力・理解力の向上は期待できるし，ある程度は実現できるでしょう。しかし，それを自身の思考の手段・武器として目的化するためには，やはり，それではまだ不十分と言わざるを得ません。その点を自覚して文章と向き合うことが求められるのです。

しかしながら，「いろいろな文章を読む」と言っても，興味関心の向かない文章を読むのは，なかなかの「苦行（くぎょう）」です。苦行も必要ではありますが，できればそのような「苦」はできるだけ減らしたいものです。つまり，「苦行」以外の部分では，やはり自分の興味・関心のある分野の文章を読むということになるでしょう。経営学に興味があるのなら，経営に関する文章をたくさん読めばよいのです。興味のある分野ならば，「ああだ，こうだ」と考えながら読むことも，さほど苦にならないでしょう。

4．国語的に裾野を広げる―経営学への助走

大学進学を考えはじめたら，とにかく，いろいろな分野の文章に数多く触れることが大切です。経営学ということであれば，企業活動を題材とする小説等を読んでみるのもよいでしょう。あるときは経営の枠組みが語られ，あるときはサクセスストーリーが華やかに展開し，またあるときは企業犯罪等のいわゆる影の部分が提示されるのが企業小説と呼ばれるジャンルの特徴です。そんなところに，「経営」というものについてのイメージを豊かにしてくれる小説の醍醐味があるでしょう。

邪道と思われるかも知れませんが，「コミック」を読む（コミックで読む）というアプローチもあってよいでしょう。コミックの場合，小説以上に見た目のインパクトが強調されてしまう面はありますが，漫画には漫画なりに一面の真理を画像にしているというメリットがあります。「お金」や「盛者必衰」の真理がヴィジュアル的に印象づけられる，そのような構成を通し

て企業・経営に関するイメージがヴィヴィッド（vivid）なものとして内面化されてくることでしょう。

「堅く」攻めるなら，専門雑誌の論文にチャレンジするという方法もあるでしょう。ただし，「論文」はなかなかの難敵です。気を引き締めて取り組まないと，ただの時間の無駄に終わってしまいかねない読み物です。しかし，経営学を学ぶという将来のことまで考えるなら，このチャレンジは無駄にはならないし，論文の「文体」（構成・展開・論証，等々）に馴染んでおくことも大切です。もちろん，「論文」の場合は「国語」というよりはむしろまさに「専門（経営学）」ということであり，その上で，読み慣れておくということは，「国語」的にも重要であるし，将来的には自分自身でそのような論文を書く必要も必ず生じるに違いありません。その意味ではまさに，国語的な取り組みということに他ならないのです。

あるいは，いっそのこと，「論文」を書いてしまってはどうでしょうか。高校では，いろいろな教科で「レポート」を課題として課されることも多いでしょう。レポートはあくまで「報告書」であって，自分がいろいろな方法で調べた事柄を，「こうであった」と，一定の評価を加えながら文章にまとめるものです。論文にももちろんそのような側面はありますが，論文の場合，そこには必ず何らかの「発見」がなければなりません。その発見の価値（妥当性・正当性・意義等々）がそこでは論理的・説得的に（ひとりよがりでなく）展開・論証されなければならないのです。その意味では，非常にハードルの高い文章と言えます。

論文のなかの「発見」も，自分が発見したと思っているだけではだめで，その「発見」について述べられた文章が，これまでに発表されていないとき，はじめて「発見」と認められるのです。現代社会においては，書籍・雑誌にまとめられた「文献」に加え，ネット上にも数多くの（無限とも感じられるような）データ，資料が溢れています。そう考えると，「発見」なんて不可能，と感じてしまうこともあるでしょう。しかし，それでも，「発見」はあるのです。チャレンジしてみる価値があるからこそ，数多くの人々が大学や企業，その他の多くの場で研究を続けているのです。

5時間目　国語③：国語の入試問題（現代文），そしてその先へ

　ここまで，いろいろな観点から，国語と経営学との関わり・結び付きについて述べてきました。「面倒くさい」と感じた人も多いかも知れません。けれども，「面倒くさい」で立ち止まっていたら，やはりその先はないのです。
　「好きこそものの上手なれ」ということわざもあります。もちろん，「国語」が万能だと言うつもりは全くありません。貪欲に，いろいろな角度から，「国語」的なアプローチも，またひとつの有効な手法として取り入れながら，皆さんが「経営学」に立ち向かっていってくれることを期待しています。

4日目コラム　世界最高峰の音楽文化を支える日本の製造業

　オペラ公演が行われる歌劇場のなかで世界最高峰のひとつとされているのが，ウィーン国立歌劇場です。この歌劇場で演じられるオペラを支えているのは，ウィーン国立歌劇場管弦楽団というオーケストラなのですが，このオーケストラは，別名，ウィーン・フィルハーモニー管弦楽団とも呼ばれています。

　ウィーン・フィルは「伝統のサウンド」へのこだわりを持ち続けていることで有名です。特に管楽器は，現在でもウィンナースタイルと呼ばれる，19世紀に使われていたスタイルのものです。多くのクラシック作曲家が活躍した19世紀のサウンドを忠実に再現する目的で，このスタイルの楽器が使用されてきましたが，現在の標準的なものとは構造などが異なっているため，ウィンナースタイルの楽器の使用を続けているオーケストラは，他には，ほとんどありません。そのため需要が少なく，ヨーロッパの楽器工房は次々とウィンナースタイルの楽器製造から撤退したり，廃業していき，伝統的な製造技術も失われていきました。1970年頃，ウィーン・フィルは新しい楽器を手に入れることはもちろん，修理も困難になる事態に直面してしまいました。

　そのとき，ウィーン・フィルのメンバーと協力して，製造技術の復元と楽器製造に取り組んだのが日本のヤマハです。ヤマハはウィンナースタイルの楽器の構造や素材，製造方法を徹底的に研究して，そのサウンドの秘密を解明し，ウィンナースタイルの楽器を復元・製造していきました。

　これらの楽器は，すべて特注の手作りで，需要も限られていますし，ウィーン・フィルが使う楽器ですから，求められる品質もハイレベルです。19世紀の製造技術を再現した特殊な原材料の使用や，製造技術の維持・伝承など，コスト面からみると決して利益があがるビジネスとは言えませんが，ヤマハは挑戦を続けています。現在，ウィーン・フィルで使用されている管楽器の多くはヤマハ製です。日本企業と匠の技が，世界最高峰のオーケストラの華麗なサウンド，つまり世界最高峰の音楽文化を支えているのです。

　このように企業の活動には，直接に利益に結びつくものだけでなく，文化支援活動や地域社会に貢献するためのものもあります。これらは広く「企業の社会貢献活動」の一環として行われるのですが，同様の活動はNPOという形でも行われています。さまざまな組織が，いかにサスティナブル（持続可能）な社会貢献

活動を行っていくかは，これからのマネジメントの重要な課題のひとつです（42ページ参照）。

　大学では，これらについて，企業経営であれば「企業の社会的責任（CSR）」，NPOなどであれば「非営利事業のマネジメント」といった分野の授業で勉強することができます。

【参考文献】
「ヤマハ，楽器大手の神髄」『東洋経済オンライン』（2013年2月1日）。
「ヤマハ『ウインナホルン』工場に行ってみた」『東洋経済オンライン』（2013年6月16日）
ヤマハ株式会社HP（https://jp.yamaha.com/）。

5日目
ガイダンス
[Part 2]

1時間目

特別講義③
大学の学部の違いを知ろう

　宇宙は英語でユニバース（universe）と言い，大学は英語でユニバーシティ（university）と言います。夜空に輝く満天の星のように，大学には多種多様な研究分野があり，多数の科目が準備されています。その多数の科目は，まず，芸術と科学に分類され，科学は自然科学，社会科学，人文科学という三分野に分類されています。夜空の星々を見たときに，いくつかの星座を認識できると，ギリシャ時代から伝えられる神話のストーリーを知ることができます。芸術を学ぶことと科学を学ぶことの大きな違いは何でしょうか。芸術を学ぶうえで大学に進学することのメリットは何でしょうか。経営学という学問は，どの星座に属しているのでしょうか。その星座は，どのようなストーリーから成り立っているのでしょうか。この「時間」に説明しましょう。

Keyword:
芸術と科学，美術，音楽，演劇，スポーツ，専門家の指導，師弟制度，コーチング，プロデューサー，自然科学，社会科学，人文科学，法律学，政治学

1．芸術と科学の場としての大学

　大学は何をするところでしょうか。

　大学に入学した先輩たちから話を聞くと，アルバイトをしたり，合コンをしたり，海外旅行に行ったり，サークル活動をしたりしています。すべてが，とても楽しそうに見えます。大学は，高校の次の段階にある高等教育機関なのですから，難しそうな何かを教えているはずなのですが，それが何なのか，学ぶ前に学問の内容を詳しく知ることはできません。

　受験雑誌を見ると理系と文系という大きなくくりがあり，そのなかに様々な学部が列挙されています。大手予備校の模擬試験結果の偏差値や，高校のなかでの成績順位をもとに，入れそうな学部のなかで，面白そうな内容を教えている学部を選択する，というのが，ほとんどの高校生の進路選択の方法でしょう。

　そうした進路選択の方法を悪いものと決めつけることもできません。面白そうだ，という直感に導かれた選択は，少なくとも本人にしかできない決定なのです。以下では，大学では何が教えられているのかについて，簡単に説明し，そのうえで経営学の位置づけを説明していきます。大学の教授陣にとってはあたりまえのことであっても，高校生にとっては新しい情報があるかもしれません。

　大学で教鞭をとる教授たちがよく言うのは，「大学ではArts and Sciencesを教える」，という言葉です。つまり，大学は芸術と科学を教える，と言っているのです。図1を見てみましょう。大学での教育内容は，まず，大きく芸術と科学とに分かれます。

　芸術という分類を大別すると，①美術，②音楽・演劇，③スポーツに分類することができます。①美術は，つくりあげた作品が残ることが大きな特徴です。絵画，彫刻，版画，陶芸などの作品は，50年，100年，1000年といった時間を超えて人々に愛されます。②音楽や演劇も，録音したり録画することで後世に残すことができますが，その歴史を辿れば，演奏者や演技

者が，観客と同じ時間を共有してパフォーマンス（演奏，演技）を見せ，聴かせることにあります。つまり，パフォーマーが観客に見せるための活動です。③スポーツ，とりわけプロ野球やプロ・サッカーは，音楽の演奏や演劇のように人に見せるためという部分があります。人に見せることで収入を得られるのでプロ・スポーツが成立しているのです。しかし，より本質的には，他のアスリートと競争して自分の優位を確認する点に特徴があります。ゲームを楽しみながら技能を磨き，さらには，人間の限界に挑戦するアスリートたちがいます。

　東京芸術大学や多摩美術大学のように，芸術，美術を教える大学は日本にもたくさんあります。日本体育大学のようにスポーツを専門に教える大学もあります。日本大学芸術学部からは数多くのアーティストが輩出されています。アメリカにはカリフォルニア州立南カリフォルニア大学（University of Southern California，略称USC）での映画製作教育が有名です。卒業生には『スター・ウォーズ』シリーズや『インディ・ジョーンズ』シリーズの製作で有名なジョージ・ルーカス（George Walton Lucas，1944～）がおり，映画芸術学部（School of Cinematic Arts）の象徴的存在となっています。大学のキャンパスには映画製作のための大きなスタジオがあり，その一部は，ジョージ・ルーカスが寄付した建物から成っています。

　芸術家となるためには，大学に入学する必要はありません。大学に入学していない著名な芸術家は多数います。それでも芸術を学ぶために大学に入学する学生は多数います。なぜでしょうか。いくつかの理由が考えられます。

　第1は，大学に入学することで専門家の指導を受けられることです。楽器演奏や絵画のデッサン，スポーツでの基本動作など，高校生が自己流で試みているだけでは学ぶことのできない専門領域の基礎を，大学の専門家から学ぶことができます。昔は，誰かに紹介してもらって師匠となる人を探す必要がありましたが，現代では，大学がそうした専門家を紹介する役割を果たしています。師弟制度は，数多くの芸術領域で数百年の長きにわたって存在してきました。ラファエロ（Raffaello Santi，1483～1520）を中心とした絵画，相撲部屋などはわかりやすい例でしょう。ラファエロを師とするこ

とや，相撲部屋に入門するのと同じように，大学で師となるべき人を見つけることができます。

第2は，専門家からの指導を受けることで，自分の行っている芸術活動を言葉で説明できるようになることです。これはコーチングの技術と呼ばれますが，芸術を個人で実践するだけでなく，後進の若い芸術家志望者に言葉で技法の詳細を説明できるようになるのです。スポーツの場合，そうしたコーチングの技術は特に重要です。自分が現役で活動できる年齢は30代から40代くらいまでに限られています。現役を引退したのちに，指導者として活動するためには，言葉で大切なことを説明する，という技能を身に着けることが必要なのです。大学は，そうした技能の基礎知識を与えます。

第3は，大学の卒業生のなかでプロとして活動している人がいれば，その卒業生と知り合いになってプロとして活動できる確率が高まる，というメリットがあります。野球のように，プロ球団による選手の能力評価が厳格に行われている業種では実力がすべてを決めるかもしれませんが，楽器演奏や工業用美術デザインのように，チームワークを必要とした作品を制作する場合には，チームへの相性や適性も重要な要因となります。チームをまとめるのは，プロデューサーと呼ばれるビジネスのリスクを背負う人たちですが，こうした専門家たちの好き嫌いがチーム編成に重要な役割を果たします。そのような場合には，数値化して比較できる「実力」だけでメンバー構成が決まるわけではありません。自分の演奏や作品が好かれるとは限りませんが，それを多くの現役プロたちに見てもらえるチャンスを生み出すのが大学という場の役割です。

2．科学の種類

大学はArts and Sciencesを教えます。大学は，芸術だけでなく科学を教えるのです。大学は様々な領域の科学を教えるための学部から成り立っています。たとえば，東京都千代田区富士見2－17－1というのは，この「時間」を書いている筆者が勤務する法政大学の住所です。都道府県という

2．科学の種類

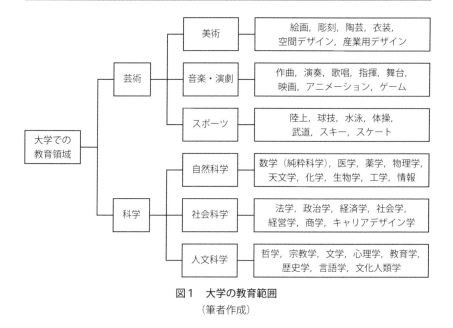

図1　大学の教育範囲
（筆者作成）

レベル，市区町村というレベル，町名，番地，という順番に住所が記述されています。科学にも同じように分類があります。

　まず，住所でいう東京都にあたるのが，①自然科学・②社会科学・③人文科学という分類です。図1を参照してください。①自然科学（natural sciences）は西欧のルネッサンス以降に大きく発展したといわれています。地球と宇宙の成り立ちを説明する天文学や物理学，人間の体の構造を説明する医学や生物学など，それ以前は宗教の教義によって説明されていた自然現象を研究対象としてデータが集められ，そのデータの示す内容を矛盾なく説明する試みが積み重ねられたのです。データをもとにした矛盾のない説明のことを理論と呼びます。たとえば，医学の発達によって私たちの平均余命は長くなり，過去の難病についても治療法が開発されてきました。日常用語で「科学の進歩」といえば，こうした自然科学での進歩を意味しています。

　図1の自然科学のなかに分類されている数学については，純粋科学と呼ば

れることもあります。数学は，自然のなかに存在しているのではなく人間の頭脳で作り上げてきたものなので，自然科学・社会科学・人文科学という三分法には含めずに，いわば特別枠として純粋科学（pure science）と呼ばれるのです。日本では，理数系と文科系ないし理系と文系という分け方で大学の学部を大別しますが，その場合には数学は理数系に分類されます。理系ではなく，理数系と呼ぶのは，そうした違いを意識した呼び名なのかもしれません。ただし，図1では，おおまかな説明として，数学を自然科学のなかに含めています。

　文科系・文系に分類される科学には，②社会科学（social sciences）と③人文科学（humanities）があります。③人文科学（humanities）は，人間が人間という存在の意義を問いかける，という活動の総称と言えるでしょう。人間は，生まれて，そして，必ず死ぬ。その厳然たる事実を前提として，では，「より良く生きる」，ということは何をすることなのか，という問いが生まれます。その問いが，人間という存在の意義を問うことになるのです。

　哲学，宗教学，文学といった学問は，それぞれ人文科学のなかの一分野ですが，異なった角度から人としての「より良い生き方」を問いかけています。文学は，それを創造する立場からすれば芸術（art）にほかなりません。しかし，「新しい小説を書いた」と書いた本人は思っていても，その小説が過去に発表された別の小説と類似した内容であったとしたら，新しい小説というよりは，亜流（類似品）であると認定されることになります。ある小説の筋書きが過去の小説の筋書きと同じか否かを判定するには，大量の小説を読まざるをえませんが，そのような活動として学問が生まれる余地があります。

　心理学，言語学，文化人類学といった比較的歴史の新しい人文科学（humanities）では，人間相互のコミュニケーションを研究課題としています。たとえば，言語学では，コミュニケーションを媒介する言葉が運ぶ「意味」とは何か，という問いがあります。心理学では，同じ単語であっても，まったく別の意味で解釈される可能性を示唆しています。文化人類学で

は，異なる文化のもとでは，人々が異なる社会制度を持つことを明らかにします。別の言い方をすれば，より良く生きることのための基礎となるコミュニケーションのあり方が科学的に探究されている，と言ってよいでしょう。世界の人々は異なる言語を用いて，異なる生活習慣を持っています。その違いが，「より良い生き方」の違いを生み，人びとの一生の間に大きな影響を与えていきます。その違いを知るには，大学という場で学習し，研究する必要があるのです。

3．社会科学の守備範囲

　社会科学（social sciences）とは，人間が集団として社会を構成して行う様々な活動を科学的に究明する学問の総称です。物理学や生物学などを自然科学と呼びますが，これは自然の運動法則を明らかにする学問という特徴があります。社会科学というのは，人間相互が行う活動の法則を探究する科学分類の名称ということができます。本書のテーマでもある経営学は，この社会科学に分類されています。

　社会科学には，法律学，政治学，経済学，経営学，商学，社会学などが分類されます。科学の分類も，住所の番地のように成り立っています。東京都千代田区と東京都中央区には，そこを通る道路や風景，そこに立地している会社に違いがあります。社会科学のなかにも法律学や政治学をはじめとして様々な学問があります。

　法律学では，本書1日目2時間目で触れた知的財産権や著作権など，人間の主張できる権利を定めます。その権利のなかには，人間が人間らしく生きる権利である人権も含まれます。また，人間社会は，時代の変化に応じて法律を変化させていきますが，どのような修正を加えるべきかを国際比較によって科学的に探究します。たとえば，夫婦が同じ姓を名乗ることを法律で定めている国とそうではなく夫婦別姓を認める国がありますが，そうした国々で生まれる問題は何かを調査することは，法律の改正を目指す専門家の仕事となります。法律を定めるには国会での審議が必要であり，その国会で

の政党政治による力関係によって法律が決まります。

　政治学は，法律を決定していく政党政治の原理を探究します。たとえば，夫婦が同一の姓を名乗るという2018年現在の法律に対して，夫婦別姓を許容するべきであるという主張をする政党もあります。この後者の政党が国会で多数を占めなければ，法律の改正は実行されません。政治学は，現実の政治がどのような政党の対抗関係によって成り立つのかを記録し，その法則性を問う学問です。たとえば，政党が社会のなかのある階層を代表している状態であれば，その社会階層が増えるか減るかによって政党の支持基盤も変化することになります。しかし，政党が社会階層を代表していないとすれば，特定の社会階層の増減は政党の支持基盤の増減に影響を与えないことになります。政党の支持基盤が社会階層ではないとすれば，誰が政党を支えているのか，という大きな疑問が生まれることになります。それらの疑問を探究するのが政治学の役割です。

　経済学，商学，社会学と経営学は，それぞれ伝統のある社会科学の研究分野です。どのような違いがあり，研究分野としての面白さがあるのかについて，次の「時間」にお話ししましょう。

2時間目

特別講義④
経済学・商学・社会学と経営学の関係

　経営学は企業という組織を研究の対象として，その活動をより良いものにするために観察やデータの収集を行って分析し，企業経営に関わる人たちに研究結果を提示する学問です。大学は英語でユニバーシティ（university）と言い，「普遍性（ふへんせい）」という名詞は英語でユニバーサリティ（universality）と言います。普遍性というのは，時間と場所を問わずに，いつでもどこでも成り立つ，という意味です。大学は，芸術と科学を学び，普遍的な真理を探究する場です。真理とは，誰でも認めざるを得ない正しい考え方のことを指します。科学的な法則と呼ばれるものは，普遍的な真理の一例です。この「時間」は，近接した研究分野である経済学，商学，社会学と経営学の違いを，その接近方法（アプローチ）の違いから説明します。

> **Keyword:**
> 経営学，経済学，商学，社会学，公認会計士，財務諸表，税理士，社会保険労務士，「社会科学の女王」，アダム・スミス，『諸国民の富』，王権神授説，封建制，絶対王政，職業選択の自由，資本制，『ヴェニスの商人』，複式簿記，貸方（かしかた）・借方（かりかた），損害保険，外国為替，貿易取引，ロジスティックス産業，総合商社，工場，工業，アプローチ，失業，デュルケーム，『自殺論』，コーポレート・ガバナンス，コンプライアンス，経営戦略，経営組織，経営管理，生産管理（オペレーションズ・マネジメント），マーケティング，財務管理，人的資源管理，情報管理，ERP，知識管理，実学

2時間目　特別講義④：経済学・商学・社会学と経営学の関係

　企業やビジネスに関わる学問分野としては，経営学・経済学・商学・社会学などがあります。経営学部，経済学部，商学部，社会学部では，何を学ぶのでしょうか。経営と経済と商と社会，こうした名称のもとでは，いったい何が教えられているのでしょうか。経営学，経済学，商学，社会学という学問の違いは何でしょうか。

　まず共通点から説明しておきましょう。簡単に，一言でこれらの学部の役割を述べれば，それは，企業で働く人たちにとって必要な基礎知識を教える学部だと言うことができます。会社に勤めよう，と考える人たちにとって役立つ学問なのです。それでは簡単すぎて，何も説明していないように感じるかもしれませんが，それでも，芸術学部で声楽をならったり，絵を描いたりすることや，獣医学部で動物のお医者さんになること，文学部で小説を書くのとは異なった分野の職業に役立つ学問である，と理解することができます。

　共通点という意味では，取得できる資格があることも重要でしょう（29～30ページ，1日目コラム参照）。経営学や商学を名前に冠している大学では，公認会計士と呼ばれる資格試験の合格者を多数出しています。公認会計士という資格は，司法試験と並ぶ難関の国家資格であり，企業が作成する財務諸表をチェックする仕事をします。財務諸表というのは，企業が一年間活動した結果を収入と費用に分けて，共通する形式で示したものです。経営学部や商学部から多数の公認会計士試験合格者が出ていますが，それは，簿記から発展した財務会計を教える学部だからであり，卒業生が現役学生に指導するといった伝統があるからです。公認会計士のほかにも，税理士や社会保険労務士などは，近接した領域にある資格といってよいでしょう。

　それぞれの学問の成り立ちをみてみましょう。学問が成立した古さの順番から並べるとすると，経済学・商学・社会学・経営学という順番になるでしょう。これらの学問に共通するのは，人間が相互に関わり合いをもつ様子を研究する学問であることです。それを社会科学と総称することは，すでに述べました。科学の分類が都道府県の分類に該当し，東京都という分類が社

会科学に該当するとすれば，中央区，港区，千代田区，足立区といった地区分類の違いは，社会科学のなかの経済学を学ぶか，商学を学ぶか，経営学を学ぶか，社会学を学ぶか，という違いに対応します。

たとえば，東京都中央区と東京都千代田区とは，どこが違うのか，と質問されれば，多様な回答がありうるでしょう。それと同じように，経済学と経営学とは，どこが違うのか，と尋ねられるとすれば多様な回答がありえます。たとえば，中央区銀座や千代田区富士見を自分で歩いてみると，その違いを示すなんらかの印象をもつことができます。百聞は一見にしかず，といいます。中学校のときの修学旅行のように，自分で実際に見てみることで，何かを知ることができます。本書でも，経済学や経営学の内容をやさしく解説することで，その違いを直感的に理解してもらいたいと思っています。

1．経済学と天下国家

まず，経済学の話をしましょう。経済学・商学・経営学は，それぞれなんらかの形で，お金とモノ，お金と人間の労働，お金の貸し借りなど，金銭にかかわる問題を扱います。経済学は経営学よりも長い歴史を持ち，「社会科学の女王」とも呼ばれます。というのは，経済学の発展にともなって，高度な数学的研究を含むようになってきたからです。難しい数学を使っていればいるほど，学者たちは，それを優雅な表現方法であると賞賛してきたのです。その優雅さを「女王」と表現しているのです。

経済学（economics）が生まれた初期には数学的要素は大きくはなく，政治や哲学から派生して社会を知るひとつの方法として生まれたと言ってよいでしょう。Economyという英単語には「節約」という意味がありますが，この単語はカタカナで表記されてエコノミーという日本語になっています。エコノミー・カーと言えば，走行距離に比較してガソリンの燃料消費が少ない経済的な自動車のことを指します。エコノミー・クラスといえば，飛行機の座席金額のなかで一番安い価格で購入できる価格帯のことを意味しています。経済学を意味する英単語economicsのなかには，このeconomy

2時間目　特別講義④：経済学・商学・社会学と経営学の関係

という単語が重ね合わされています。

　Economyの日本語訳である経済は、経世済民（けいせいさいみん）という四文字熟語のなかの二文字からできあがっています。経世とは、世の中を治めることであり、済民とは民（たみ）を救うことを意味しています。世の中を治めるには、人々の暮らしの豊かさを維持することが必要です。つまり、経済学とは、ひとつの国のなかに暮らす多くの人々を豊かにすることによって、その国の人々を救うことを目的とした学問です。

　経済学は、一国の国民を豊かにするためには何をすればよいのか、ということを問いかける学問です。天下国家（てんかこっか）というと、天上に存在する神様の下（もと）にある国という意味ですが、そうした広い視野を持って、ひとつの国を丸ごと豊かにしたい、という発想から生まれた学問と言えます。

　経済学という学問を打ち立てた人として有名なのは、アダム・スミス（Adam Smith, 1723～1790）というイギリス（スコットランド）の経済学者であり、彼の著作には『諸国民の富』（『国富論』）という日本語タイトルが与えられています。ある国の豊かさ、つまり、富はどのようにして創り上げられるのでしょうか。豊かな国と、そうではなく貧しい国とが生まれる理由は何でしょうか。人々が働いて手にいれる賃金は、国ごとに水準が違いますが、それはなぜでしょうか。豊かな国にも、景気の良い時期と悪い時期がありますが、それはなぜ生まれるのでしょうか。ひとつの国のなかで豊かな人たちは、多額の税金を支払っていますが、それはどのように使われるのでしょうか。こうした疑問を考えていったのがスミスの仕事です。経済学は、それが学問として成立した時期から、天下国家を意識していたのです。

　経済学という学問がなかった時代に、人々は社会をどうとらえていたのでしょうか。簡単に言うと、社会科学としての経済学が成立する以前には、人々は神の存在を信じ、神によって人間社会が構築されていたと信じていたと言ってよいでしょう。経済学は、人間が構成する社会を研究対象とした学問ですが、それが発達する以前には、人々は社会のなりたちについての説明に際しても、神の存在を前提としていたといえます。

　そうした考え方のひとつの例は、王権神授説（おうけんしんじゅせつ）と呼ばれる考え方です。ひと

びとの構成する社会の頂点には，王様がおり，その王様の祖先が神様であったか，あるいは，王様の祖先のひとりが神様のお告げを聞いて，現在の社会を導き，動かしていくよう神様からの使命を帯びている，とする考え方です。神様の子孫によって社会が支配されているのですから，その王様から税金を納めるように言われれば，その国に暮らす農民は，その国の土地を使うために税金を王様に納めざるを得なかったのです。自分の王様が神様の子であるとすれば，その子と婚姻関係を結んだ人たちも神様の親戚となり，そうした一族によって国家が運営される，ということになります。

　王権神授説というのは，王様が神様から世の中を収める力をもらったという説明の方法のことを指します。イギリス，タイ，日本など，世界にはまだ王室や皇室と呼ばれる家族が存在していますが，こうした世界中の王様は，みんな多かれ少なかれ，過去において神様とのつながりがあることを主張していたのです。王様が社会を支配していたのは封建制と呼ばれる時代，あるいは，絶対王政と呼ばれる時代です。それが民主主義へと変化していくのは，フランス革命のような歴史的変革期に中産階級と呼ばれる人々が重い税への不満を訴えたことに端を発します。

　封建制のもとでは職業選択の自由はなく，農民の子は農民，王の親戚は貴族として代々世襲（せしゅう）していくという慣習が成立していました。世襲という制度は，王様や貴族のように，政治的な特権をもった支配層が自分の子孫にその特権と財産を残すためには有利な方法でした。そうした習慣が変化していくのは，商業取引や手工業が発達して，王様から与えられた土地を使う農業をやめても別の仕事が見つかるようになったからです。職業選択の自由が生まれたことは，封建制の終わりを意味します。商業取引や手工業の発達は，やがて機械を用いた大規模な工業の発展につながっていきます。そうした時代のことを資本制と呼びます。つまり，経済学が研究の対象とする人々の活動，商取引や製造活動の発達は，封建制から資本制への変化と同時期に発達したと言えるのです。

　このように見てくると，政治体制と経済活動は，相互に大きな影響を与えあっていることがわかるでしょう。フランス革命がなければ封建制は政治的

に崩れなかったでしょう。封建制が崩れて職業選択の自由が与えられれば，人々は，商取引や製造活動に自由に従事することができます。経済学は天下国家を問題にする学問でした。経済学を学び，それを最も直接的に活用するのは，中央官庁と呼ばれる公務員の世界です。経済産業省といった役所には，そのものズバリ「経済」が名称の一部につけられています。『経済財政白書』や『通商白書』というのは，こうした政府の機関が毎年発行する経済動向の分析を本にまとめたものですが，これらを執筆するには経済学を知らねばなりません。世界史のなかには，フランスの財務総監の名前をとってコルベールティズム（コルベール主義）と言う経済政策の名称がでてきます。これは，日本のアベノミクスに似た呼称であり，政府による経済政策を端的に表現したものです。

2．商学と貿易

経営学の細かな説明に入る前に，商学（commerce）について説明しておきましょう。現代では，商学部と経営学部の教育内容にほとんど差はありません。比較的設立の古い大学では商学，新しい場合には経営学という学部名称が使われています。教えられている科目，つまり，カリキュラムにほとんど差はありません。ただし，その成り立ちは異なります。

商学は，経済学とおなじくらい古い歴史を持つ学問で，簡単にいえば貿易を行う港町で発達した学問といって良いでしょう。テレビのコマーシャルはcommercialと英語で書きますが，その単語のスペルはcommerceに近いものになっています。つまり，テレビでの広告によって販売を増やすという目的がcommercialという単語のなかに含まれています。英単語のcommerceには商業という意味があります。

シェイクスピア原作の『ヴェニスの商人』という戯曲(ぎきょく)を読んだことがある人も多いでしょう（137～138ページ，3日目コラム参照）。「貸したお金を返せ」と迫る商人が活動していた舞台となったのが，イタリアの都市ヴェニス（ヴェネツィア）という港町であるのは偶然ではありません。イタリア

の港町であるヴェニスでは，商業活動が活発であり，船で貿易を行おうとする船乗りに資金を貸し付ける商人がいたでしょうし，物語は，そうした歴史を背景としているのです。つまり，ありそうな話の舞台としてシェイクスピアはヴェニスという港町を選んだのでしょう。

　外国との貿易を行って利益を得る商人にとっては，簿記（ぼき）という取引の記録が必要になります。簿記とは，お金がどのように動いたかを記録する帳簿をつける作業とその方法のことです。ヴェニスの商人が船乗りにお金を貸したとすると，貸したお金の金額を記載する必要があります。ただし，その貸したお金は，商人が自分で貯めてきたお金であるとは限りません。自分が貯めたお金を船乗りに貸したのではなく，誰か別の金持ちから借りたお金を船乗りに貸したのかもしれません。もしも，ヴェニスの商人が，ある金持ちからお金を借りて，そのお金を船乗りに貸しているのだとすると，船乗りに「貸したお金」だけでなく，別の金持ちから「借りたお金」をノートに記録する必要が生まれます。

　ヴェニスの商人が船乗りに「貸したお金」をノートの片側に記録し，誰か別の金持ちから「借りたお金」をノートのもう一方の側に記録すれば，「貸したお金」と「借りたお金」をひとめで確認することができます。このような記録の付け方を複式簿記（ふくしきぼき）といいます。そして，今日では複式簿記であることが常識であるために，たんに簿記といえば，複式簿記のことを意味しています。

　複式簿記の考え方はイタリアで生まれたといわれていますが，それも商業活動が活発であったことを背景としているのでしょう。商学とは，そうした商業活動にともなう様々な仕事の内容を整理して，わかりやすく実務のために解説するところから発達したと言えます。

　複式簿記の左と右に記載されているdebitとcreditを「借方（かりかた）」「貸方（かしかた）」と翻訳したのは一万円札の肖像になっている福沢諭吉だと言われています。現在では，debitとcreditは，デビット・カードやクレジット・カードなど，カード会社の商品分類名ともなっています。大学に入学した諸君が，簿記を勉強しはじめると，この「借方（かりかた）」「貸方（かしかた）」という名称がややこしくて混乱を

産み，多くの簿記嫌いの学生が生まれているように思います。

　誰かにお金を貸して，それを取り立てることができる権利のことを債権（さいけん）といいますが，複式簿記の記帳方法では，債権を「借方（かりかた）（debit）」に記載します。逆に，誰かからお金を借りて返済の義務を負うことを債務（さいむ）といいますが，複式簿記の「貸方（かしかた）（credit）」には債務を記載します。つまり，

　　誰かに貸したお金＝誰かが自分から借りているお金＝債権＝「借方」
　　誰かから借りたお金＝誰かが自分に貸しているお金＝債務＝「貸方」

という関係を覚えておくと，簿記を本格的に勉強するときに混乱しなくて済むでしょう。

　さて，ヴェニスの商人にお金を借りて出港した船乗りが港町から海上輸送をすると，さまざまな困難に突き当たるはずです。海上輸送の最中に船が海賊（かい ぞく）に襲われたり，火災にあったりすることもあります。海賊はディズニー映画のなかだけに登場する架空の人物なのではなく，過去にも，また，現代にも存在しています。広い海の上で強盗にあったとしたら，その被害にあってもなかなかすぐに助けを呼ぶわけにはいきません。そうした被害を避けるための工夫が，損害保険です。日本の損害保険会社のなかには〇〇海上火災保険という名称の会社がありますが，こうした企業は明治時代に海上輸送によって貿易を開始したときからの歴史を持っています。では，こうした損害保険会社にいくらの保険料を支払うと，公正な保険料金と言えるのでしょうか。そうした問題を解くために保険学という学問が生まれます。商学部で学ぶ伝統的な科目の一つです。

　海外との貿易取引について代金決裁を行うためには，外国為替（がいこくかわせ）の知識が必要となり，それらも商学にとっては重要な構成要素となります。外国為替とは，ある国から別の国にお金を送金する仕組みのことで，そのための通貨の交換を意味しています。国をまたがったお金のやりとりをすることを国際金融（こくさいきんゆう）といいますが，この国際金融の知識は，貿易取引にともなう代金決済をするために必要となります。日本には，小樽，横浜，東京，大阪，神戸など，商業の発達した港湾があり，そうした大都会となった港町には，明治時代か

ら商学部を擁する専門学校，大学や商科大学が設置されてきました。小樽商科大学，横浜市立大学，一橋大学，大阪市立大学，神戸大学などには，そうした商学の伝統があります。

　天下国家，つまり，一国全体を豊かにするにはどうするか，という問題意識から経済学が生まれたことに比較すると，商学には，貿易取引を円滑に行い，そのことを通じてひとつの国の豊かさを求めていく，という実務的な発想があります。天下国家というよりは，取り引きの円滑な実行を確実に行うという目的意識が商学という学問的発想の中心にあります。

　貿易取り引きを円滑に行うための専門的な知識を教えるのが商学の基本的な機能ですから，貿易を行うときに運ばれる商品にあわせて適切な輸送手段は何か，という問題にもつきあたります。船で運ぶのか，航空機で運ぶのか，トラックで運ぶのか。こうした産業のことを物流産業，あるいは，ロジスティックス産業と呼びます。クロネコヤマトの宅急便はロジスティックス産業が産み出したイノベーションの事例です。宅急便が発達する以前は，自宅から国鉄（現在のJR）の最寄り駅まで自分の自転車で荷物を運び，貨物運賃を支払って荷物を駅から駅まで送り，到着した駅では荷物を受け取る人が自宅から取りにいかねばなりませんでした。

　貿易取り引きが開始されるためには，世界のどの土地に何があるのか，を知らなければなりません。フィリピンではバナナが作られており，ブラジルにはコーヒーが栽培されている，といった情報を手に入れる必要があります。バナナやコーヒーをフィリピンやブラジルの生産者から買いつけて，貿易に必要な様々な書類を整えて輸入をする，という事務的な作業をする必要があります。こうした作業をする企業は，商社と呼ばれています。

　明治維新がおこって，徳川幕府の鎖国が終わり，国際貿易ができるようになったときに，まっさきにアメリカに支店をつくって，アメリカ南部では綿花がつくられている，という情報を伝え，綿花を日本に輸入したのは，三井物産や三菱商事という現代まで続く総合商社でした。こうした総合商社の活動を行うためには，英語をはじめとする外国語による貿易の専門知識が必要であることは言うまでもありません。

3．経営学のなりたち

　経済学では，国家を豊かにするためには何をすればよいか，ということに焦点をおいていました。商学は貿易取引を行うために発達してきた学問です。それらに比較すると，経営学は，工場での労働や企業に働く人々の組織に焦点をおいて研究されてきました。すでに本書1日目1時間目で説明したように，高校生の部活も組織にほかなりませんから，経営学で得られた知識を部活に応用することが可能です。

　単純化して言えば，経営学は，工業と工場の発達とともに成立し，そこに働く人たちを組織として捉えて研究してきたと言ってよいでしょう。経営学を英語で表記すればmanagementになりますが，そのカタカナ表記であるマネジメントもすでに日本語になっています。経営を専門に行う人をmanagerと言いますが，こちらもマネージャーというカタカナになっています。高校の野球部やサッカー部にもマネージャーがいて組織運営に必要な作業を担当してくれているはずです（6ページ参照）。

　経営学の内容については，本書全体を通じて解説しています。本書第1日目にはマネジメントの意味とリーダーシップについて，「政治経済」では社会の課題解決に挑む企業の社会的貢献について事例を挙げて説明しています。「国語」では経営倫理，「数学」では企業データの分析手法と産業集中度，「英語」では世界的な起業家の例としてのスティーブ・ジョブズとイノベーション，「日本史」では日本の起業家たち，「地理」では産業クラスター，「体育」ではマーケティング手法としてのブランド・マネジメントについて，やさしく解説しています。こうした内容は，大学では，経営組織論（リーダーシップ），経営戦略論（企業の社会的責任，経営倫理，起業家史，産業クラスター，イノベーション），マーケティング論（ブランド・マネジメント）のなかの話題として教えられています。

　以下，この「時間」では，経済学と経営学との違いについて触れておきましょう。

3. 経営学のなりたち

　経済学が天下国家を常に意識しているのに対して，経営学では自分たちの勤めている会社などの組織を研究対象にします。天下国家を考える大きな視点のことをマクロ的な視点といいます。逆に，自分の勤める会社のことを考える，といった身近な視点のことをミクロ的な視点といいます。経済学と経営学には，そうしたマクロとミクロという視点の違いがあります（75ページ参照）。

　これは「考える方法」の違いと言ってもよいのですが，こうした「考える方法」のことを，英語ではアプローチ（approach）と言います。アプローチとは，「接近する」という意味ですが，人間のつくりあげる社会にどのような問題があるのか，接近して観察をしようとするときの方法という意味です。観察方法には，マクロ的なアプローチとミクロ的なアプローチの違いがあります。それは，天下国家という大きな視点なのか，会社やその会社のなかの数人の組織といった小さな視点なのか，という違いです。

　たとえば，失業という問題があります。失業とは，仕事をしたいと思っても仕事が見つからない，という人の状態を指す言葉です。マクロ的なアプローチで失業問題を考える人は，厚生労働省がつくっている雇用統計といったデータを集め，日本という一国でみた失業率は何パーセントなのかを確かめようとするでしょう。これは経済学的なアプローチでもあります。そして次には，その失業率が，ヨーロッパの国々やアジアの国々と比較して高いのか，低いのかを確認することになるでしょう。ヨーロッパの国々やアジアの国々のなかに，日本の失業率よりも低い失業率を記録している国があったとすれば，そうした国でどのような経済政策が採用されているか，それが，どのように失業率低下に効果を発揮しているのかを研究することになるでしょう。経済政策とは，一国の政府が採用する経済に関わる制度設計のことを意味します。たとえば，仕事を失った人々に給付金を与える雇用保険（失業保険）制度を採用したときに，10年間勤務してきた人が1年間給付金を受けとることができるのか，3ヵ月間給付金を受け取ることができるのか，という制度を決めるのは政府の経済政策によります。

　経営学では，経済学とは異なる考え方を採用します。失業という問題にミ

クロ的にアプローチしていきます。たとえば，ある会社が新規に採用してきた人たちの数と，その会社から離職した人たちの数を計測します。仕事をやめた人たちは，どのような理由で離職したのでしょうか。男性と女性のどちらが多いでしょうか。女性の離職理由は何でしょうか。また，再就職先には満足しているのでしょうか。ある会社を調査対象に定めて，個々の人たちから話を聞いていきます。このように調査のために話を聞くことをインタビュー調査と言います。経営学はミクロ的なアプローチを主としていますから，見ず知らずの人たちに話を聞く，というインタビュー調査を多くの研究で採用しています。

　ミクロ的なアプローチとしては，次のような研究も可能かもしれません。つまり，職業紹介所を調査対象に定めます。職業紹介所に尋ねてきて，今，まさに仕事を探そうとしている人たちに話を聞き，どのような仕事を探そうとしているのか，どのような技能を持っているのか，失業した期間はどれくらいなのかを数十人の人たちに尋ねるところから調査を始めることができるでしょう。その結果は，アンケート調査によって集計することができるでしょう。

　こうした調査結果は，日本全体の失業率と関係するとは言えません。ミクロ的なアプローチは，組織の抱えている課題を明らかにして，その解決方法を示すものです。ある会社で離職者に対してインタビュー調査をすれば，その会社での勤務が過重労働であったのではないか，といった疑念を浮き彫りにするかもしれません。職業紹介所に訪れる人たちからアンケート調査をすれば，職業紹介において求められるサービスの質や育児休業制度についての希望を知ることができるかもしれません。ミクロ的なアプローチは，そうした小さな現実を変化させることで，集計量であるマクロ的な問題への解決の方向性を示すという長所があります。

4．社会学の視野

　社会学について説明しましょう。社会学は，経済学・経営学・商学に比較

すると，大きな違いがあります。社会学は，お金にかかわりのない人間の営みを研究対象にしているのです。家族，部族，民族といった血縁の広がり，あるいは，教育の現場，労働組合，生活協同組合，政党組織といった組織化された人々の活動，さらには，男女の性差による職業選択や昇進の違い，何代にもわたって家業として続く企業経営など，金銭で取り引きすることのない関係やそこに生まれる問題をとりあげるところに特徴があります。

著名な社会学者であるデュルケームは『自殺論』という著作において自殺の研究をしたことで知られています。社会学として自殺の研究をする，ということの意味は何でしょうか。これは個人の心理状態や病気といった要因以外に，人間が相互につくりあげている「社会」のなかに自殺者を増やす要因があるのではないか，という問題意識から生まれた研究です。現代の日本でも，いじめを原因とした中学生や小学生の自殺が報じられています。社会学は，こうした問題に取り組みます。

社会学は，その研究対象の広さでも際立っています。アイドルと呼ばれる芸能人が，どのような人々の作業によって創り上げられたのかを研究したのは，日本の著名な社会学者の仕事です。ひな人形がどのような企業によって造られているか。トラック運転手の作業時間はどのようなものか。移民といわれる人々は，どのような経緯で国と国とを移動するのか。病院のなかで看護師という仕事に従事する人たちは，何をモチベーションとして働き，どのようなときに心理的に疲弊してしまうのか。これらは，社会学による研究対象の例です。そうした研究対象の幅の広さが社会学の魅力です。労働組合や生活協同組合を研究対象とする場合もあり，企業を研究対象とする場合もあります。そうした意味で経営学とも密接なつながりを持った研究分野です。

男女の賃金格差や昇進の格差など，企業内での差別に対して鋭い視線を向けるのも社会学の特徴です。経済学・経営学・商学が，モノとお金との交換取引を中心にして研究対象を設定するのに対して，社会学では，お金が登場しない領域での社会問題を研究テーマとすることが多いのです。

2時間目　特別講義④：経済学・商学・社会学と経営学の関係

5．経営学の関連領域

　経営学は，組織を研究の対象とする学問です。経営学の対象は人と人とがつくる組織である，といえます。しかし，組織を研究対象とする学問分野として，経営学以外にいくつか異なる分野があります。それは心理学，政治学，社会学です。これらの研究分野は経営学と密接なつながりを持っています。

　第1は心理学です。心理学には異常心理学のように個人を研究対象とした分野もありますが，社会心理学・組織心理学など，人間のつくるグループを研究対象としたものがあります。その意味で，経営学は心理学のなかの一部の研究分野と近い領域にある，といってよいでしょう。多くの大学では，文学部のなかに心理学科があります。

　第2は政治学です。政治を産み出すのは，人間の連帯にありますから，政党や労働組合といった組織を分析の対象としていることになります。企業も人と人との組織として成立していますから，政党や労働組合に類似した部分があります。たとえば，経営学のなかにはコーポレート・ガバナンスといって，株主や経営者，従業員の役割を問う研究分野もあります。企業組織のなかには，政党政治に近いような権力闘争の部分があります。

　第3は社会学です。すでに述べたように，社会学では，家族，労働組合，移民など，金銭を媒介としない人の集団が研究テーマとなりますので，そこには組織も含まれることになります。たとえば，家族で運営する企業は，家族企業と呼ばれますが，経営学では重要な研究対象です。

　経営学は組織を研究の対象にするのですが，心理学・政治学・社会学という分野と大きく異なるのは，主として企業の活動を研究対象としていることにあります。政治学の扱う政党，社会学の扱う家族や労働組合などに比較すると，企業によって結び付けられる人々は，賃金や経営者報酬という金銭を媒介としています。金銭を媒介とした活動を分析してきた学問は，経済学，経営学と商学であり，その点で共通しています。

6．戦略・組織・管理

　法政大学の住所は東京都千代田区富士見です（晴れた日には，本当に富士山を見ることができます）。分類の大きさで言えば，東京都＝社会科学，千代田区＝経営学，に対応します。では，富士見に対応するのは何でしょうか。それは経営学のなかの小グループであり，経営戦略，経営組織，経営管理という研究領域になります。

　新たに会社を立ち上げる起業，成功した事業分野に加えてさらに事業を追加する新規事業開発，それをさらに増やしていく多角化，活動する国を増やす国際化などは経営戦略の例です（26～28，50～59，86～95，106～112，142～151，154～162ページ参照）。また，企業が経営を行っていくときに守るべき倫理規定をコンプライアンスと呼び，経営倫理の課題とします。これも経営戦略の重要な構成要素です。

　組織を引っ張るリーダーシップとやる気の源泉となるモチベーション，外部からの報酬によるインセンティブ（誘因）などは組織運営の課題です。同じ業務を行うときにも，異なったやり方になることを説明する組織文化やその国際比較も重要な課題です。組織メンバー間の信頼関係についても研究が進んでいます。これらは経営組織の課題です（10～20，46ページ参照）。

　経営管理は，大きく6つの領域に分かれます。生産管理，マーケティング（販売管理），財務管理（簿記会計を含む），人的資源管理，情報管理，知識管理です。

　生産管理はオペレーションズ・マネジメントとも呼ばれます。病院の救急医療室の運営，製造業での部品の供給システム，国際線航空旅客機のなかでの食事サービスの提供の仕方，ディズニーランドで順番待ちをする客による列のつくらせ方，ホテルでの受付とチェックアウトの方法など，企業のビジネス活動をいかに効率よく行うかが研究対象となります（43～46，154～156ページ参照）。

　マーケティングは，「4つのP」と呼ばれる要因を手始めに，いかにモノ

2時間目　特別講義④：経済学・商学・社会学と経営学の関係

とサービスを提供するかを研究します。「4つのP」とはプロダクト，プライス，プレイス，プロモーションであり，製品の開発，製品価格の決定，製品の流通経路の決定，製品の広告宣伝方法の決定，といった課題を検討します（34～40，106～110ページ参照）。

　財務管理は，企業の保有している資産や収入について研究します。たとえば，株式を発行して投資家から資金を調達するのと，銀行からお金を借り入れるのとでは，どちらが，どのような影響を企業経営に与えるのか，という問題を検討します。簿記や会計も，この財務の課題と密接に結びついています（22～24，29～30，98，209～210ページ参照）。

　人的資源管理は，従業員の採用，昇進，給与，ボーナス，異動，人事評価，目標管理，能力開発などを研究対象にします。また，転職，離職，年金，熟練，海外赴任，男女の昇進格差，身体障害者雇用の促進，LGBT（レズビアン・ゲイ・バイセクシャル・トランスジェンダー）への対応部署設置，地域貢献など，社会にとって重要な広いテーマも含まれます（18～20，46～47，111～112ページ参照）。

　情報管理は，ERP（enterprise resource planning）と呼ばれる社内情報管理システムの高度化を研究課題とします。コンビニや安売り量販電気店などで，バーコードを読み取ると，長いレシートが印刷されて出てきますが，それはこの情報システムが構築されているからです。バーコードで読み取ったデータをもとに，翌日必要となる在庫や出荷量を把握することができます（176～182ページ参照）。

　知識管理は，研究開発の分野あるいは新製品開発の分野で，どのような組織をつくり，活動をすることによって，新たな製品が生まれていくのか，を探究する学問です。多数の人々が知識を持ち寄って，将来大きなニーズを持つであろう商品を，現段階で構想する，という活動の特徴を明らかにする研究領域です（42，86～95，154～162，164～173ページ参照）。オープン・イノベーションと呼ばれる方式，つまり，大学，産業界，政府など，様々な人々からの知識を集約する方法について注目が集まっています。

7．学部と学科

　大学の学部では，何を学ぶかが大きな「くくり」で分けられています。学部のなかには，学科という組織があり，学科名には各大学が盛り込んだ教育内容が示されます。経営学部のなかにも様々な学科があります。

　経営学は，組織の管理を中心的な課題として発展してきました。つまり，企業に勤める人にとって重要な学問です。企業に勤める人のことをビジネス・パースン（business person）といいます。企業で何をつくるのか，誰ととともに働くのか，どのようにつくり，販売するのか。これらのことを経営戦略，経営組織，経営管理と呼びます。様々な学科名称の背後には，こうした研究テーマの違いがあります。

　医学部を卒業するとお医者さんになり，薬学部を卒業すると薬剤師になることに比較すると，経済学・商学・経営学との境界はゆるやかなものです。その意味では，学部を選択することよりは，何を専門にしている教授について学ぶか，で大きな差が生まれます。たとえば，失業を研究している研究者は，経済学部にも，経営学部にも，社会学部にもいます。大切なのは，それを教えている教授の質です。教授個人の質を見極める時代がきています。

　企業が共通した病をかかえている場合があります。あるいは，企業成長にともなう痛みが生まれる場合もあるのです。経営学では，そうした実務の課題を研究対象とする実学です。主要な研究分野としては経営戦略，経営組織，経営管理があり，経営管理のなかには生産管理，マーケティング，財務管理，人的資源管理，情報管理，知識管理といった研究領域があります。それらを強調するものとして学科名がつけられているのです。

　経営学の研究領域は，企業の実務領域にほかなりません。「あなた」が勤めることになる会社は，自分で起業した会社かもしれませんし，誰もが知っている大企業かもしれません。その会社の未来は，経営学を学んだ「あなた」が決めるのです。

3時間目

ホームルーム
技術進歩と長寿化社会
未来予測と学びのあり方

　現在，私たちは18世紀に始まった産業革命に匹敵する，大きな社会の変化の中にあると言われています。産業革命は人間の「肉体労働」の多くを蒸気機関などの動力を持った機械に置き換え，技術（テクノロジー）を社会の進歩を牽引する主役に据えました。そして，現在の変化はコンピュータを中心とする新しい技術が，人間の「知的労働」を新たな次元に導くものだと考えられています。そのため，現在は「ニューエコノミー」の時代とか，「第四次産業革命」の時代とか，産業革命に始まる「第一機械時代（ファースト・マシン・エイジ）」に次ぐ「第二機械時代（セカンド・マシン・エイジ）」などと呼ばれています。

　これからの新しい社会の特徴については，多くの論者が，さまざまな角度から議論していますが，コンピュータを中心とする技術進歩のスピードが大変に速い社会であることと，先進国を中心に世界は長寿化社会になるであろうという二点は，広く知られているところでしょう。これから先の私たちの暮らしや学びは，どのように変化していくのでしょうか。

Keyword:
ムーアの法則，コンピュータの技術進歩，ネットワークの高速通信，長寿化社会，勤労ステージの延長，キャリア形成，キャリアチェンジ，スキル，知識，レジリエンス，自発的・継続的な学び，学び直し，課題の発見，問題解決，「なぜ」という問い，学び方を学ぶ

3時間目　ホームルーム：技術進歩と長寿化社会

1．ムーアの法則とコンピュータの技術進歩

　皆さんは「ムーアの法則」をご存知でしょうか。これは，アメリカの大手半導体メーカー，Intel（インテル）の創業者のひとりであるゴードン・ムーア（Gordon E. Moore, 1929 ～）が，1965年に最小コストで得られる半導体素子の性能は，おおよそ1年に2倍のペースで向上しており，今後も同じペースで性能が向上していくだろうと予測し，その予測が的中したことから「法則」として知られるようになったものです。コンピュータの性能向上の例をあげてみましょう。1996年にアメリカで核実験シミュレーション用にASCI Redというスーパーコンピュータが作られ，その処理速度は2000年まで世界最速の座を保ち続けましたが，2006年に発売されたSONYのゲーム機PlayStation3は，同じ程度の処理速度を実現して世界を驚かせました。また，1985年に発表されたCray-2というスーパーコンピュータと，2011年に発売されたiPad2の処理速度も，ほぼ同じです。このようにコンピュータの技術進歩は，大変なスピードで進んでいるのです。

　しかも，スーパーコンピュータは大きくて持ち歩けませんが，プレステやiPadは簡単に持ち歩けますし，iPadには電話やWi-Fiといった通信機能や，カメラ，マイク，加速度計，ジャイロスコープなど，たくさんの便利な機能が搭載されています。現在のスマートフォンも同様ですが，なぜiPadやスマートフォンに，このような機能が搭載できるのかと言えば，それは，これらの技術がアナログからデジタルに変化し，コンピュータと同じように半導体チップ化され，その開発にムーアの法則と同じような現象が生じたからに他なりません。さらに言えば，スーパーコンピュータの価格は大変に高額ですが，プレステやiPadは，ふつうの消費者にも手が届く価格で販売されました。急速な技術進歩は価格の大幅な引き下げも実現しています。

　50年を経て，半導体素子の性能が倍増する時間は18カ月とされるようになりましたが，現在でもムーアの法則は広く社会に受け入れられていて，これからもコンピュータの性能は大変なスピードで向上していくと考えられ

ています。そして，コンピュータやネットワークの高速通信の技術は，世界の数十億の人々が簡単にコミュニケーションをとり，さまざまな知識にアクセスして共有することを可能とします。これは一人ひとりがコンピュータを持つことで，自分専用の新聞や図書館，学校を得ることと同じだとも言えるでしょう。また，新しい知識の創造や問題解決，イノベーションに，多くの人々が時間や距離にかかわりなく，協力し合いながら参加し，社会を発展させていくことも可能にします（218ページ参照）。しかし，一方でコンピュータ技術の発達によって，AI（人工知能）に職を奪われるのではないかなどの懸念があるのも，また事実です。

2．長寿化社会の到来

　この先，先進国を中心に大幅な長寿化が進むという推計があります。それによると，2007年にアメリカ，カナダ，イタリア，フランスで生まれた子どもの50％は，少なくとも104歳まで生きると考えられ，日本で生まれた子どもの50％は，107歳以上生きると考えられています。また，日本では，さらに数字が伸び，2014年に生まれた子どもの50％が，109歳まで生きる可能性があるとされています。そして，そこで暮らす「高齢者」の多くは，医療やアンチエイジングなどのイノベーションによって，若々しく健康で元気です。

　これまでは，自分のキャリアのステージを，単純に「教育」，「勤労」，「引退」の3つに区切って考えれば事が足りました。しかし，長寿化社会になると，現在のように60歳や65歳で勤労から離れても，その後の引退の期間は40年以上もあり，元気で健康に過ごせる健康寿命も延びることや，100年にわたる人生を経済面で支える必要から，多くの人々が70歳あるいは80歳まで，勤労や社会活動を続けることを選択するようになると考えられています。人生の勤労のステージは60年にも及ぶのです。

3時間目　ホームルーム：技術進歩と長寿化社会

3．社会の変化とキャリア

　急速な技術進歩と長寿化社会の到来による勤労人生の延長が重なり合ったとき，私たちの暮らしは，どのように変化するのでしょうか。
　2011年にアメリカの新聞が，デジタル技術の発達による社会や教育の変化について考察する記事を掲載し，「現在の小学校の児童の65％が，今は，まだ存在していない職業に就く可能性がある」と指摘しました。これ以降，いろいろな研究が発表されていますが，そこで明らかにされてきていることを，ごく簡単にまとめると，コンピュータ化が進むことによって多くの分野で機械にとってかわられる職種が現れてくるであろうことや，新しいシステムの創造と，それらを活用した製造・サービスを提供する新しい領域の職業や雇用が生まれるであろうこと，そして，職業上で身につけているべきスキル（教養や訓練をもとに獲得した能力）や知識がいっそう重要になり，そこで必要とされるスキルや知識も，技術進歩や社会の変化に合わせて，どんどんと変わっていくであろうこと，などとなります。
　長寿化社会の中の技術進歩と，それにともなう社会の変化は，自分の得意分野や専門分野を拡張したり変えたりしていくこと，あるいは勤労人生の半ばで職を転じることを求めるのかもしれません。また，いちど身につけたスキルや知識も，新しい技術の登場によって，すぐに時代遅れになって役に立たなくなってしまうかもしれません。その時々に合わせて，新しいスキルや知識を身につけ，勤労人生の転換点を意識し，レジリエンス（困難から立ち直る力）を身につけ，自分らしさを問いながら自分自身が「変身」を遂げること，つまり自分の手で新しいキャリアを築き上げたり，チェンジさせたりすることが必要になるのです。人生の勤労のステージが，より複雑になっていくのです。
　そこで重要になることは，生涯を通して行う，新しいスキルや知識を獲得し続けるための「自発的・継続的な学び」や，人生のどこかのタイミングで，まとまった時間をとって行う「学び直し」でしょう。

4．この先の「学び」

　今，皆さんは，中間試験や期末試験に向けての学校の教科学習や，大学受験のための学習に力を入れていることと思います。そして，それらの学習の多くは，あらかじめ決められている出題範囲や出題傾向に沿って問いが設定され，その問いには正解が用意されていて，その正解を導きだして高得点を得るというものでしょう。また，学校や予備校の先生が教材を指定したり用意したりして，課題や問いを示し，先生が指示した解き方を使って正解を導き出すというものでしょう。

　しかし，実際の，しかも変化の大きい社会では，いつごろ，どのような技術進歩や社会の変化，新しい課題が生じるか，そして，どのように問題を解決していったら多くの人々の幸福に繋がるかは，誰にも正確に予測することはできません。すべては不確実なものです。ですから，大学から先の学びは，自分自身で課題を見つけ，「なぜ」そうなのかという問いを立て，問いの答えを探し出して課題を解決し，新しい知識を創造するものになります。そこには出題範囲や設問，模範解答は用意されていません。

　もちろん，すべての知識やイノベーションは既存の知識の上に成り立っていますから，たくさんの知識に触れ，それらを身につけることは，新しい知識の創造やイノベーション創出の鍵となりますが，現在では，それに加えて「どのように学ぶか（how to learn）」を知ること，あるいは「学び方を学ぶ（learning to learn）」ことが重要だと考えられています。大学から先の学びは，あらかじめ与えられた教材や設問，決まりきった解き方を用いて行うものではなく，まずは，どのようにして，「正しい知識にアクセスして知識を深める」か，「経験から学ぶ（learning by doing）」か，「学びそのものから学び方を学ぶ（learning by learning）」か，「学びの助けとなる思考方法（認知フレーム）を得る」か，「学びに対するモチベーションを得る」か，「人との交流から学ぶ（learning from others）」かなどの，学び方を学んでいくものなのです。人との交流からの学びは，言語などで形式化

3時間目　ホームルーム：技術進歩と長寿化社会

して表現できる知識だけでなく，暗黙的な知識の獲得や伝達に欠かせない要素です（156ページ参照）。

おもしろいことに，このような学びや，学び方を学ぶことは，個人だけにあてはまるものではなく，企業などの組織や社会，産業クラスター（163～173ページ参照），さらには国や近隣諸国などの地域にもあてはまり，組織や社会などが，それぞれに応じた学び方を学ぶことによって，また，学びや知識の伝播によって，より生産性の高い経済が生まれ，生活水準が向上していくとも考えられています。

そして，技術進歩や社会の変化，また，そこで必要なスキルや知識の変化は，学ぶべき内容と学び方をも，次々と変えていくことでしょう。

【参考文献】
グラットン・スコット／池村千秋訳（2016）『ライフシフト　100年時代の人生戦略』東洋経済新報社．
白戸智（2017）「AI・ロボット・IoEが変える2030年の日本」『MRIマンスリーレビュー』2017年2月号，三菱総合研究所．
スティグリッツ・グリーンウォルド／岩本千晴訳（2017）『スティグリッツのラーニング・ソサイエティ　生産性を上昇させる社会』東洋経済新報社．原書のJoseph E. Stiglitz and Bruce C. Greenwald (2015), *Creating a Learning Society: A New Approach to Growth, Development, and Social Progress*, Reader's Edition, Columbia University Press. も参照した．
ゾッリ・ヒーリー／須川綾子訳（2013）『レジリエンス　回復力―あらゆるシステムの破綻と回復力を分けるものは何か』ダイヤモンド社．
ブリニョルフソン・マカフィー／村井章子訳（2015）『ザ・セカンド・マシン・エイジ』日経BP社．
Carl B. Frey and Michael A. Osborne (2013), "The Future of Employment: How Susceptible are Jobs to Computerisation?" (https://www.oxfordmartin.ox.ac.uk/downloads/academic/The_Future_of_Employment.pdf).
Joseph E. Stiglitz (1987), "Learning to learn, localized learning and technological progress," In Partha Dasgupta and Paul Stoneman, eds., *Economic policy and technological performance*, Cambridge University Press.
Virginia Heffernan (2011), "Education Needs a Digital-Age Upgrade," *The New York Times*, August 7, 2011.

あとがき

　本書は，経営学に興味を持ち，経営学部に進学しようかどうか迷っている高校生を念頭に置いて，経営学とはどのような学問なのか，経営学部ではどのようなことを学ぶのかについて紹介したものです。そのため，高校生が興味を持てるように，なるべく高校の教科学習に関連する事柄や，高校生の日常生活でなじみのある材料を使って，経営学の考え方や，経営学的な手法，経営学のアプローチからの企業や社会に対する見方などを説明するようにしました。

　読者の皆さんには，経営学や経営学部に対する興味が湧いてきたでしょうか。

　今，私たちは，かつての産業革命に匹敵すると言われる，大きな社会の変化に対応することが求められています。そして，その変化を牽引しているのは新しい技術です。

　ここでの重要な課題は，単純に新しい技術を導入して人を機械に置き換えていくことではなく，多くの人々の幸福な暮らしのために，新しい技術を活用する最善の方法を探し出し，組織構造や企業文化，新しい制度を幅広く再編成したり再設計したりすること，つまり，新しい技術を活かすために組織や経営（マネジメント）のあり方を見直すことだと考えられています。これは，18世紀にはじまる産業革命以来の産業史が示していることでもあり，現在，多額のIT投資を行っている企業ほど，大規模な組織の変革を実行しているという事実によっても，裏付けられることでしょう。

　この大きな社会の変化に，どのように相対していくかを考えると，そこで必要になるのは，当然，さまざまな，そして，多くの「学び」でしょう。

　色々な調査によると，学生時代から，何か興味を持ったり疑問に感じたりした事について自ら学ぶ姿勢を持っていた人は，職業についてからも仕事上

あとがき

で分からないことや必要を感じたことに対して，積極的な学びの姿勢を持ち続けていることが分かっています。つまり，学生時代に身につけた日常的な学びの習慣は「一生もの」であると言えるのです。

皆さんは，日頃，どんな学びの習慣を持っているでしょうか。定期試験前に一夜漬けで勉強するだけでしょうか。それとも，ちょっと分からないことや興味をひかれたことについて，自分から積極的に学ぼうとしているでしょうか。

本書は「経営学とは組織を運営するための科学である」ということから話を始めました。組織を観察してマネジメントを考え，課題を見つけ出して変革を提案していくことは，経営学がもっとも得意とするところです。また，社会や国も広い意味では組織であり，そのマネジメントには経営学の知見を活かせる部分が，たくさんあるはずです。

大きな変化の時代に生きる読者の皆さんが，本書を経営学や経営学部のことを知るためのガイドブックとして活用し，組織と組織を構成する人を研究対象の中心とする経営学部への進学を選択してくれること。そして，大学生活の中で経営学をはじめとする多くの知識を得て，学び方を学び，新しい知識の創造やイノベーション創出のための，つまり新しい時代を切り拓いていくための「一生ものの学びの習慣」を身につけ，社会に巣立つための第一歩，キャリア形成の第一歩としてくれることは，著者達にとって最も大きな喜びです。

本書は，法政大学経営学部の教授と法政大学付属校の教員による共同作業で作られました。その背景には経営学部と付属校の間で続けられてきた教育連携があり，その教育連携には数多くの経営学部と付属校の教員や，学部の学生が関わってきました。例えば，経営学部進学希望者を対象とする付属校での経営学部教員による学部説明会や，大学での講義受講体験，ゼミナール参加体験，また経営学部に進学が決まった生徒を対象とする進学準備プログラムの中での，大学教員による研究指導やプレゼンテーション指導，学部学生によるグループワーク支援などが，それにあたります。その意味では名前

あとがき

　が記されている著者だけではなく，たくさんの人々の力によって本書は作られたと言えるでしょう。

　執筆にあたって，取材に応じてくださった企業の皆様には，忙しい中，多くの貴重な時間を割いていただき，ていねいに対応していただきました。また，その取材のコーディネートに尽力してくださった皆様や，たくさんの励ましと協力をくださった師と学友，貴重な情報とアドバイスを提供してくれた職場の同僚の存在も，著者達にとって大きな力となりました。本書を作る作業は，人生や仕事の中では，お互いをいっそうの高みに導きあうことへの協力や尽力の労をいとわない，親切で素敵な，たくさんの人々との人的ネットワークを持つことが，本当に大切であることを，あらためて実感させてくれました。

　本書を世に送り出す機会を与えてくださったのは，文眞堂の前野隆社長です。また，面倒な編集作業にあたっていただき，たくさんのアイデアで本書を整ったものに作り上げてくださった前野弘太さんのお力添えも忘れることはできません。

　皆様には，この場を借りて心よりお礼を申し上げたいと思います。

　そして，必ずしも「良い先生」とは言えないであろう私たちに，日々，付き合ってくれ，多くの気づきと学びを与えてくれ，ときに叱咤激励してくれる，生徒，学生，卒業生の諸君，諸氏に感謝の意を表し，本書を捧げたいと思います。

2018年10月

著者を代表して　小池 祐二

執筆者紹介

洞口 治夫（ほらぐち・はるお）
法政大学経営学部教授

はしがき，1日目1・2時間目，1日目コラム，2日目1・4時間目，3日目5時間目，4日目1時間目，5日目1・2時間目

小池 祐二（こいけ・ゆうじ）
法政大学兼任講師
元法政大学第二中学高等学校教諭
元法政大学中学高等学校教諭

1日目1・3時間目，2日目2時間目，2日目コラム，3日目2・3時間目，3日目コラム，4日目2時間目，4日目コラム，5日目3時間目，あとがき，付録

杉浦 裕也（すぎうら・ひろや）
岩倉高等学校教諭
元法政大学中学高等学校教諭

2日目3時間目，4日目4時間目

金川 正治（かながわ・まさはる）
元法政大学中学高等学校教諭

2日目5時間目，3日目4時間目，4日目5時間目

髙嶋 竜平（たかしま・りゅうへい）
法政大学国際高等学校教諭

3日目1時間目，4日目3時間目

集中講義　高校生の経営学
――経営学部の受験を迷っている人に――

2018年11月30日	第1版第1刷発行	検印省略
2025年 3 月31日	第1版第4刷発行	

編著者　洞　口　治　夫
　　　　小　池　祐　二
発行者　前　野　　　隆
発行所　株式会社　文　眞　堂
　　　　東京都新宿区早稲田鶴巻町533
　　　　電　話　03（3202）8480
　　　　FAX　03（3203）2638
　　　　http://www.bunshin-do.co.jp/
　　　　〒162-0041　振替00120-2-96437

製作・モリモト印刷
©2018
定価はカバー裏に表示してあります
ISBN978-4-8309-4993-7　C0034